초등

통째로 이해되는
세계사

통째로 이해되는 세계사 9
제국주의와 파시즘, 그리고 세계 대전 19세기~20세기

초판 1쇄 발행 | 2017년 2월 8일
초판 6쇄 발행 | 2024년 11월 18일

글 | 김상훈
그림 | 이유나
감수 | 남동현 (경기도 중등역사과교육연구회), 채효영 (국립한국교통대학교 교양학부 외래 교수)

펴 낸 곳 | (주)가나문화콘텐츠
펴 낸 이 | 김남전
편 집 장 | 유다형
외 주 편 집 | 유지은 이정화
편   집 | 이경은 김아영
디 자 인 | 양란희
마 케 팅 | 정상원 한웅 정용민 김건우
관   리 | 임종열 김경미

출 판 등 록 | 2002년 2월 15일 제10-2308호
주   소 | 경기도 고양시 덕양구 호원길 3-2
전   화 | 02-717-5494(편집부) 02-332-7755(관리부)
팩   스 | 02-324-9944
홈 페 이 지 | www.ganapub.com

ISBN 978-89-5736-895-4 (74900)
ISBN 978-89-5736-750-6 (세트)

*책값은 뒤표지에 표시되어 있습니다.
*이 책의 내용을 재사용하려면 반드시 (주)가나문화콘텐츠의 동의를 얻어야 합니다.
*잘못된 책은 구입하신 서점에서 바꾸어 드립니다.

*'가나출판사'는 (주)가나문화콘텐츠의 출판 브랜드입니다.

- 제조자명 : (주)가나문화콘텐츠
- 주소 및 전화번호 : 경기도 고양시 덕양구 호원길 3-2 / 02-717-5494
- 제조연월 : 2024년 11월 18일
- 제조국명 : 대한민국
- 사용연령 : 4세 이상 어린이 제품

가나출판사는 당신의 소중한 투고 원고를 기다립니다. 책 출간에 대한 기획이나 원고가 있으신 분은 이메일 ganapub@naver.com으로 보내주세요.

한국사까지 저절로 공부되는
역사 이야기

초등
통째로 이해되는 세계사

9

제국주의와
파시즘, 그리고
세계 대전
19세기~20세기

글 김상훈 그림 이유나
감수 남동현 (경기도 중등역사과교육연구회)

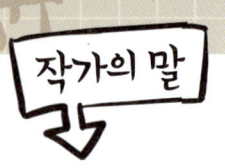
작가의 말

제국주의와 세계 대전의 시대

19세기 중반으로 접어들면서 전 세계는 강한 나라들과 약한 나라들로 나뉘었어요. 강한 나라는 자기의 이익을 위해서 약한 나라를 착취하고 괴롭혔어요. 이런 강대국들을 제국주의 열강이라 불렀지요.

유럽의 제국주의 나라들은 전 세계에서 식민지 경쟁을 벌였어요. 식민지의 노동력과 원료를 이용해 상품을 만들어 팔면 큰 이익을 얻을 수 있었기 때문이에요. 아시아와 아프리카 대륙이 이 경쟁에 희생되었지요.

20세기에 들어서 식민지 경쟁은 민족 갈등, 종교 갈등과 뒤섞이면서 더욱 치열해졌어요. 결국 유럽의 나라들은 연합국과 동맹국 편으로 나뉘어 싸우게 되었어요. 제1차 세계 대전이 터진 거예요. 인류 역사상 처음으로 세계의 여러 나라들이 이 전쟁에 뛰어들었어요.

19세기 중반부터 20세기 초반 사이에 수많은 이념이 탄생한 것도 기억할 만한 일이에요. 민족주의와 자유주의가 발달했고, 때로는 이념 때문에 많은 사람들이 죽고 다쳤어요. 러시아에서는 사회주의 혁명이 일어났지요.

독일과 이탈리아에서는 파시즘이라는 또 하나의 파괴적인 이념이 나타났어요. 파시즘을 따르는 사람들은 다른 민족을 인정하지 않았어요. 독일은 자기 민족이 세계에서 가장 뛰어난 민족이라 주장하며 전쟁을 일으켰지요. 그것이

　바로 제2차 세계 대전이에요. 전 세계는 또다시 전쟁에 휘말리게 되었어요.

　제2차 세계 대전의 피해는 제1차 세계 대전 때보다 훨씬 컸어요. 일본은 태평양 일대에서 전쟁을 일으켰어요. 그러니 전쟁이 일어난 지역도 제1차 세계 대전 때보다 훨씬 넓었지요. 이처럼 19세기 중반에서 20세기 중반까지 세계는 역사상 가장 처참한 시대를 보내야 했어요.

　우리 민족에게도 이 시기는 고난의 시대였어요. 19세기 후반 들어 일본 제국주의는 한반도를 집어삼키겠다는 야욕을 드러내기 시작했어요. 그리고 20세기 초반에 결국 우리 민족은 국권을 빼앗기고 말았지요. 일제 강점기는 우리 민족에게 기억하고 싶지 않은 역사일 수도 있어요. 그러나 때로는 힘들었던 시절도 잊지 말아야 해요. 그런 역사에서 우리가 배울 수 있는 교훈이 적지 않기 때문이에요.

　그렇다고 19세기 중반부터 20세기 중반까지의 역사가 완전히 어두운 것만은 아니었어요. 전 세계가 전쟁의 포화 소리로 어수선했지만 과학은 눈부신 속도로 발전했어요. 더불어 삶의 수준이 높아지고 일상생활도 풍요로워졌지요.

　복잡한 이 시기의 역사를 지금부터 살펴볼 거예요. 우선 제국주의가 어떻게 탄생했는지부터 알아볼까요?

지도 연표로 한눈에 정리 쏙! 제국주의와 파시즘, 그리고 세계 대전

유럽

1917년
러시아 혁명 일어남

1859년
다윈, 〈종의 기원〉 발표

1944년
노르망디 상륙 작전

1870년
이탈리아 왕국 통일

1923년
무스타파 케말,
터키 공화국 세움

1869년
수에즈 운하 개통

1898년
영국과 프랑스,
파쇼다에서 충돌

아프리카

아시아

1897년
대한 제국 선포

1840년
중국, 아편 전쟁 일어남

1889년
일본,
대일본 제국
선포

1857년
인도, 세포이의 항쟁 일어남

인도양

오세아니

용어로 한번에 정리 쏙!

〈제국주의와 파시즘, 그리고 세계 대전〉을 읽을 때 나오는 세계사 용어예요. 19세기부터 20세기 중반까지의 역사가 펼쳐져요. 이 책을 읽기 전에 세계사 용어를 익혀 두면 훨씬 재미있을 거예요.

괴뢰 국가
다른 나라가 조종하는 대로 움직이는 나라를 말해요. '괴뢰'란 남의 조종에 따라 움직이는 사람이나 집단을 비유하는 말이에요. 대개 식민 지배나 제국주의적 침략을 거짓으로 가리기 위해 세워져요. 일본이 중국을 침략하는 과정에서 1932년에 만주에 세운 만주국이 대표적이지요.

군국주의
국가의 가장 중요한 목적을 군사력에 두고, 전쟁과 그 준비를 위한 정책이나 제도를 최상위에 두려는 정치 체제예요. 군국주의 국가에서는 군인이 중요한 나랏일을 결정해요. 군국주의는 전쟁을 통해 국력을 키우기 때문에 전쟁에 동원된 국민들이 받는 피해가 아주 크지요. 제2차 세계 대전 때의 독일, 이탈리아, 일본 등이 대표적인 군국주의 국가예요.

대공황
세계적으로 일어나는 큰 규모의 경제 공황이에요. 공황이란 경제 순환 과정에서 나타나는 경제 혼란의 현상을 말해요. 흔히 1929년에 미국에서 시작된 공황을 가리켜요. 제1차 세계 대전이 끝난 후 미국은 세계 최고의 경제 국가가 되었어요. 그런데 1929년 10월 24일, 미국의 주식 값이 크게 내리면서 경제 위기가 찾아왔어요. 미국과 유럽 등 세계 여러 나라는 경제적으로 매우 긴밀하게 연결되어 있었기 때문에 미국에서 시작된 공황은 아주 빠르게 퍼져 나갔지요. 1939년까지 거의 모든 자본주의 국가가 대공황의 영향을 받았어요.

메이지 유신
19세기 후반 일본의 에도 막부가 무너진 후 메이지 왕이 중앙 집권 통일 국가를 세우기 위해 행한 변혁 과정을 말해요. '메이지'는 정치를 밝게 잘한다는 뜻이에요. 메이지 왕은 정치, 경제, 사회, 문화 등 모든 제도를 새롭게 바꾸었어요. 메이지 유신으로 일본은 근대적 통일 국가가 될 수 있었어요.

민족 자결주의
민족 자결의 원칙을 이루려는 사상이에요. '민족 자결'이란 한 민족이 다른 민족이나 국가의 간섭을 받지 않고, 자기 민족의 미래를 스스로 자유롭게 결정한다는 뜻이에요. 1918년에 미국의 윌슨 대통령이 처음 주장했지요. 민족 자결주의는 전 세계 식민지 국민들에게 독립할 수 있다는 희망과 용기를 주어 그들의 독립 운동에 많은 영향을 끼쳤어요. 우리나라의 3·1 운동도 민족 자결주의의 영향을 받아 일어났어요.

보호 무역
자기 나라의 산업을 보호하고 키우기 위해 국가가 외국과의 무역을 간섭하고 수입에 여러 가지 제한을 두는 무역 정책

이에요. 19세기에 독일과 미국 등이 자기 나라의 산업을 보호하기 위해 채택했어요. 국가의 간섭이나 보호를 받지 않고 자유롭게 다른 나라와 무역을 하는 '자유 무역'과 반대되는 말이에요.

블록 경제

정치와 경제적으로 같은 편에 있는 나라끼리 블록을 만들어 그들끼리 교역하는 경제 체제예요. 블록 안의 나라와 교역할 때는 관세를 받지 않거나 자유롭게 하고, 블록 밖의 나라에 대해서는 여러 가지 무역 장벽을 쌓아 경제적 이익을 얻어요. 블록 경제에서는 회원 나라들 사이의 경제 교류가 늘어나고 고용을 새로 만들어 경제적 이익을 늘릴 수 있어요.

사회주의

산업 혁명 이후에 나타난 여러 가지 사회 문제를 해결하려는 사상을 가리켜요. 사회주의자들은 사유 재산 제도를 부정하고, 평등 사회를 건설하는 것을 목표로 해요. 이들은 개인의 자유보다는 사회 전체의 이익을 중요하게 여기지요. 이들은 국가가 국민들의 의식주 등을 보장해야 하며 의료, 교육, 교통 등 생활에 필요한 것들을 무료로 제공해야 한다고 주장해요.

입헌 군주제

한 나라의 왕이 헌법에서 정한 제한된 권력을 가지고 다스리는 정치 체제를 가리켜요. 왕의 권한은 나라를 대표하는 상징적인 활동에 머무르는 경우가 많아요. 실질적인 국가 권력은 다수당의 의원들로 구성된 내각에 있지요. 입헌 군주제는 역사적으로 가장 오래된 통치 형태예요. 시민 혁명이 성공한 뒤에 국왕을 쫓아내지 않는 대신에 국왕의 권력을 크게 줄이면서 나온 정치 제도예요.

자본주의

기계와 원료 등 생산 시설을 갖춘 자본가가 이윤을 얻을 목적으로 노동자를 고용하여 상품을 생산, 판매하는 경제 체제를 가리켜요. 자본주의는 산업 혁명으로 크게 발전했으며 자본가와 노동자라는 새로운 사회 계급이 만들어졌어요. 자본주의 아래서는 자본가들이 더 많은 이익을 남기기 위해 자유롭게 경쟁하지요. 하지만 자본가와 노동자 사이의 갈등이 중요한 사회 문제가 되고 있어요.

제국주의

우월한 군사력과 경제력으로 다른 나라나 민족을 쳐들어가 대국가를 건설하려는 침략주의적 경향을 말해요. 침략으로 영토를 넓힌다는 점에서 식민주의와 거의 같은 뜻으로 사용돼요. 제국주의 정책에 맨 처음 나선 나라는 가장 먼저 산업화를 이뤄 대량 생산된 상품을 판매할 시장이 필요했던 영국이에요. 또한 독일과 이탈리아가 통일된 1870년대부터 1914년에 이르는 서구 유럽의 역사는 제국주의 정책의 확장과 대립의 시기였다고도 할 수 있어요. 이 과정에서 아시아와 아프리카의 수많은 나라들이 식민지가 되어 억압을 받았어요.

최혜국 대우 　통상 조약이나 항해 조약을 맺은 나라가 상대국에게 가장 유리한 혜택을 받는 나라와 동등하게 대우하는 일이에요. 여러 나라가 유리한 조건으로 동등하게 대우받아 자유롭고 평등하게 무역을 하는 데 중요한 역할을 했어요.

탄지마트 　1839년에 오스만 제국의 술탄 압둘 마지드가 시작한 개혁 정책이에요. 압둘 마지드는 근대화를 위해 서양의 제도를 받아들이고 행정과 사법 제도의 개혁 등 여러 가지 개혁 정책을 추진했어요. 하지만 보수 세력의 반발과 유럽 열강의 간섭 등으로 성공을 거두지는 못했어요.

파시즘 　제1차 세계 대전 후에 나타난 극단적인 전체주의적 정치 이념 또는 그 이념을 따르는 지배 체제를 말해요. 1919년에 이탈리아의 무솔리니가 주장하기 시작했어요. 파시즘은 국가와 민족의 이익을 가장 중요하게 생각하고, 개인의 자유를 인정하지 않는 점에서 전체주의와 같아요.

홀로코스트 　제2차 세계 대전 중 독일 나치당이 행한 대학살을 말해요. 유대 인이 주요 대상이었어요. 히틀러는 독일과 제2차 세계 대전 때 점령한 지역의 유대 인들을 수용소에 몰아넣고 강제로 일을 시키거나 가스실로 보내 죽였어요. 홀로코스트로 희생된 유대 인만 600만 명에 이르는 것으로 추산돼요.

간단 테스트

❶ 우월한 군사력과 경제력으로 다른 나라나 민족을 쳐들어가 대국가를 건설하려는 침략주의적 경향을 무엇이라고 하나요?

❷ 1929년에 미국의 주가 폭락에서 시작되어 전 세계로 퍼져 나간 큰 규모의 경제 위기는 무엇인가요?

❸ 다른 민족이나 국가의 간섭을 받지 않고 자기 민족의 미래를 스스로 자유롭게 결정할 수 있다는 원칙을 실현하려는 사상은 무엇인가요?

❹ 기계와 원료 등 생산 시설을 갖춘 자본가가 이윤을 얻을 목적으로 노동자를 고용하여 상품을 생산, 판매하는 경제 체제는 무엇인가요?

❺ 1839년에 서양의 제도를 받아들여 나라의 근대화를 이루려던 오스만 제국의 개혁은 무엇인가요?

❻ 제1차 세계 대전 후에 나타난 극단적인 전체주의적 정치 이념을 따르는 지배 체제를 무엇이라고 하나요?

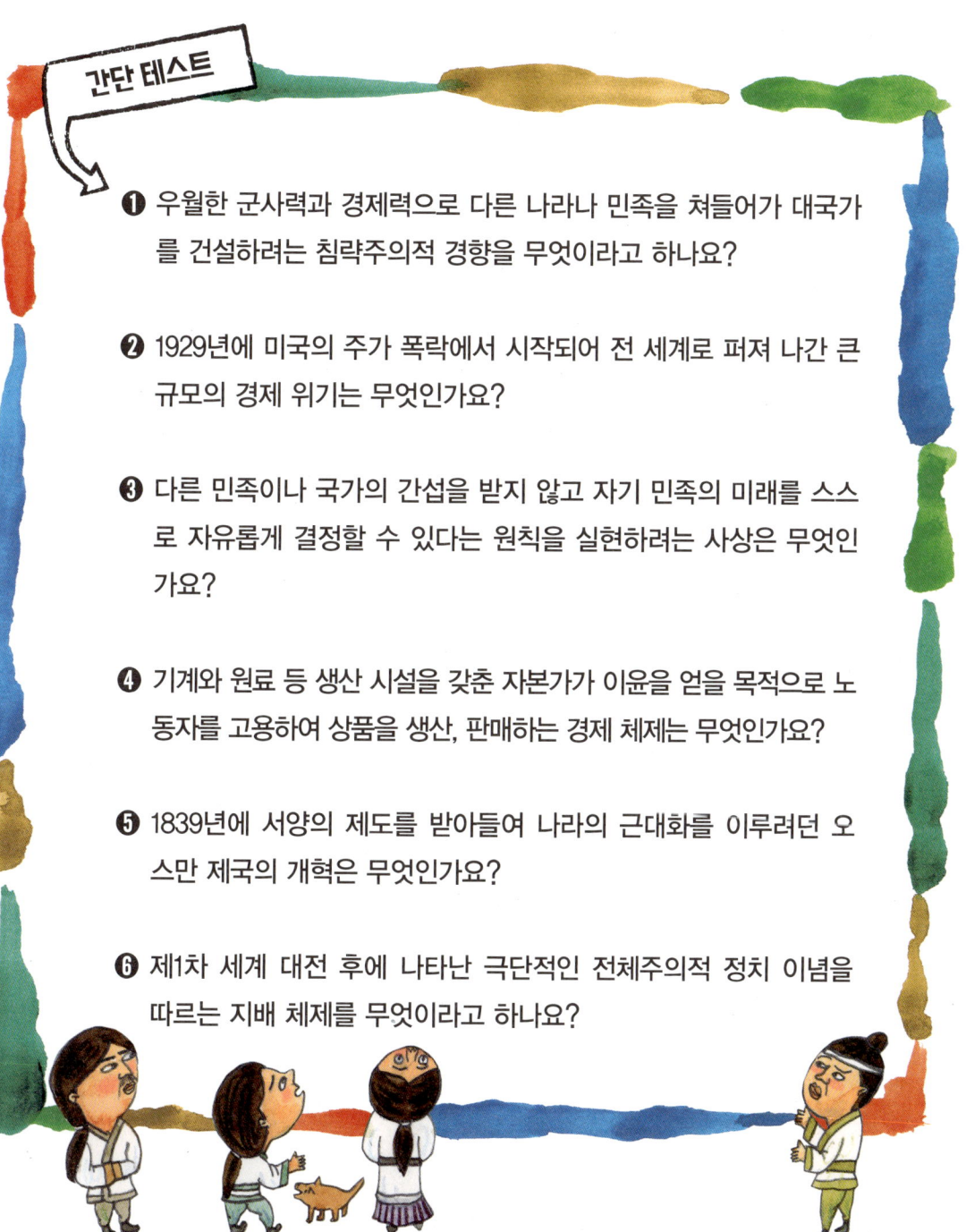

정답 ❶ 제국주의 ❷ 대공황 ❸ 민족 자결주의 ❹ 자본주의 ❺ 탄지마트 ❻ 파시즘

지도 연표로 한눈에 정리 쏙! · 6
용어로 한번에 정리 쏙! · 8

1장 아시아의 근대화 운동

아편 전쟁이 일어났어요 · 20
태평천국 운동이 일어났어요 · 26
중국이 서양의 기술을 받아들였어요 · 28
의화단이 난을 일으켰어요 · 31
일본이 동아시아의 강대국이 되었어요 · 33
오스만 제국이 개혁에 실패했어요 · 39
인도가 영국의 식민지가 되었어요 · 43
동남아시아와 아프리카가 서양 강대국의
식민지가 되었어요 · 45

지도 위 세계사 | 중국에서 만나는 서양 강대국 · 50

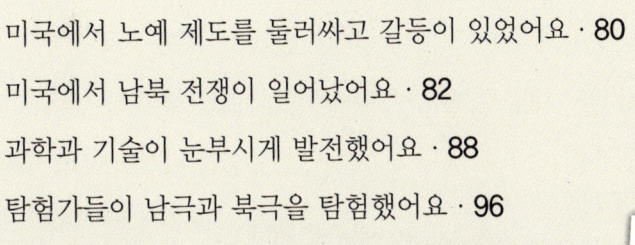

2장 민족주의와 제1차 세계 대전

이탈리아와 독일이 통일을 이루었어요 · 54
유럽이 삼국 동맹과 삼국 협상으로 갈라졌어요 · 59
발칸 반도에서 민족주의가 충돌했어요 · 64
제1차 세계 대전이 일어났어요 · 67
제1차 세계 대전이 끝났어요 · 71
지도 위 세계사 | 유럽에서 만나는 제1차 세계 대전 · 76

3장 남북 전쟁과 과학 기술의 발전

미국에서 노예 제도를 둘러싸고 갈등이 있었어요 · 80
미국에서 남북 전쟁이 일어났어요 · 82
과학과 기술이 눈부시게 발전했어요 · 88
탐험가들이 남극과 북극을 탐험했어요 · 96
지도 위 세계사 | 미국에서 만나는 남북 전쟁 · 100

4장 러시아 혁명과 아시아의 민족 운동

자본주의가 빠른 속도로 발전했어요 · 104
러시아에 사회주의 사상이 널리 퍼졌어요 · 107
러시아에 혁명이 일어났어요 · 109
러시아 10월 혁명이 일어났어요 · 112
쑨원이 중화민국을 세웠어요 · 116
인도와 서아시아에서 민족 운동이 일어났어요 · 121
과학 기술의 발전으로 삶이 풍요로워졌어요 · 125
지도 위 세계사 | 상트페테르부르크에서 만나는 러시아 혁명 · 130

5장 파시즘, 대공황 그리고 제2차 세계 대전

이탈리아, 독일에 파시즘이 나타났어요 · 134
미국의 대공황이 세계 대공황으로 번졌어요 · 137
미국에서 뉴딜 정책이 실시되었어요 · 139
유럽도 대공황에서 벗어나기 위해 노력했어요 · 143
일본이 만주를 점령하고 중·일 전쟁을 일으켰어요 · 146
에스파냐 내전에서 파시즘 나라들이 뭉쳤어요 · 149
제2차 세계 대전이 일어났어요 · 152
일본과 미국이 태평양 전쟁을 벌였어요 · 158
제2차 세계 대전이 끝났어요 · 160
제2차 세계 대전은 엄청난 상처를 남겼어요 · 163
지도 위 세계사 | 유럽에서 만나는 홀로코스트 · 170

6장 개항에서 광복까지, 한국 근대사

흥선 대원군이 통상 수교 거부 정책을 펼쳤어요 · 174

조선이 나라의 문을 열었어요 · 178

임오군란과 갑신정변이 일어났어요 · 181

동학 농민 운동이 일어났어요 · 184

근대적 개혁이 실시되었어요 · 187

일제 강점기가 시작되었어요 · 189

우리 민족은 끊임없이 독립운동을 벌였어요 · 195

일제 강점기를 공부해야 해요 · 201

지도 위 세계사 | 서울, 강화, 인천, 군산에서 만나는 개화기 · 204

세계사 정리 노트 · 206

찾아보기 · 221

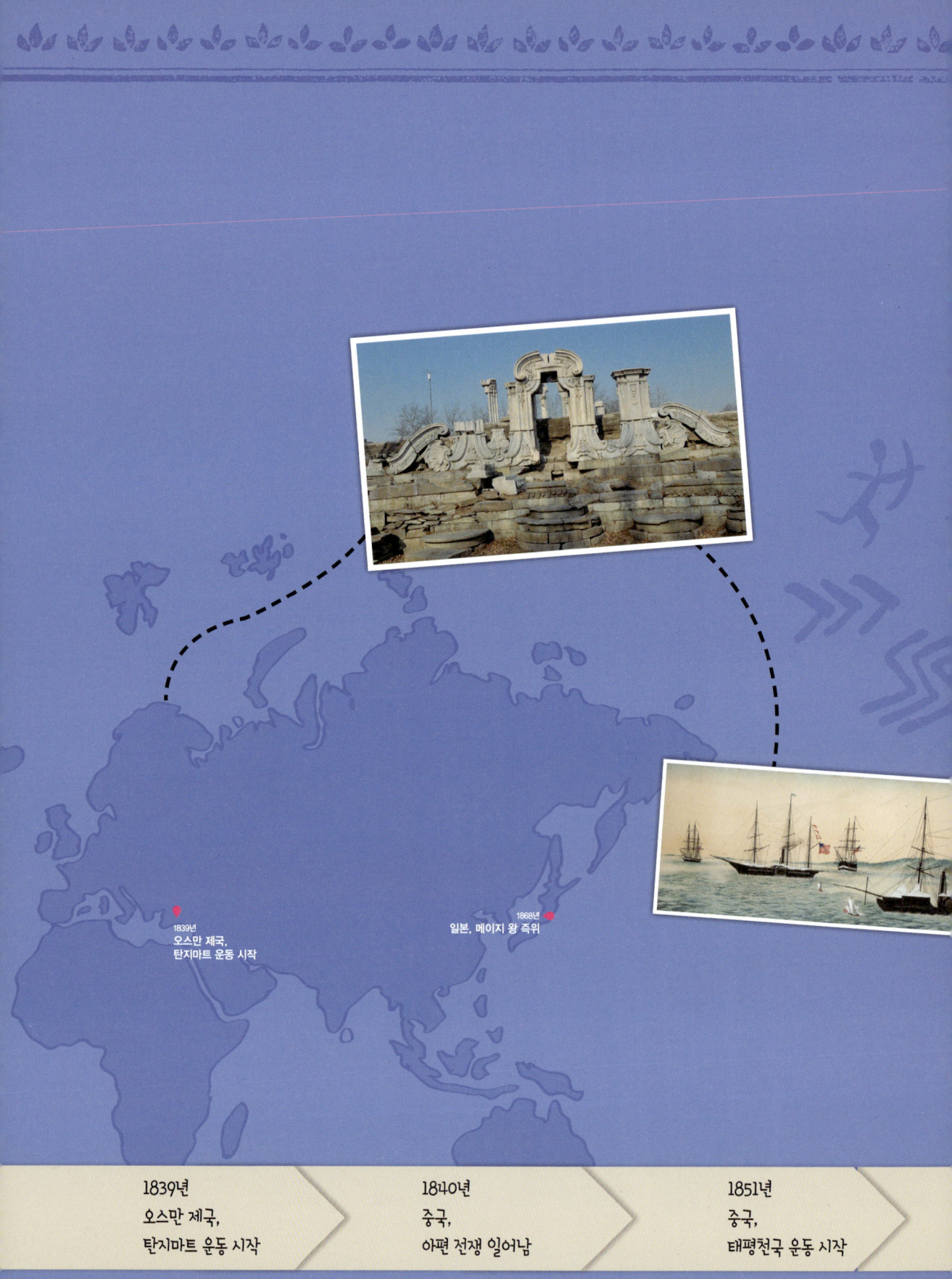

1장 아시아의 근대화 운동

18세기 이후 유럽의 여러 나라는 본격적으로 식민지를 개척하기 시작했어요. 식민지의 값싼 노동력과 원료를 이용하여 상품을 만들어 팔면 큰 이익을 얻을 수 있었기 때문이에요. 유럽의 여러 나라는 더 많은 식민지를 차지하기 위해 계속 전쟁을 벌였는데, 이를 '제국주의'라고 해요. 유럽은 아메리카를 넘어 아시아를 넘보기 시작했어요. 아시아의 나라들도 근대화의 물결을 피할 수 없었어요. 아시아 여러 나라의 근대화 과정을 살펴보아요.

1857년
인도,
세포이의 항쟁 일어남

1868년
일본,
메이지 왕 즉위

1894년
청·일 전쟁 일어남

아편 전쟁이 일어났어요

영국은 18세기 말까지 청과 무역을 하면서 손해를 많이 보았어요. 영국은 은을 주고 청의 도자기, 차 등을 샀지만 청은 영국 물건을 사지 않았지요. 게다가 청은 광저우 한곳에서만 무역을 할 수 있도록 했어요. 그것도 공행하고만 할 수 있었지요. 공행은 청 정부에서 다른 나라와 무역을 할 수 있다고 인정한 상인 조합을 말해요.

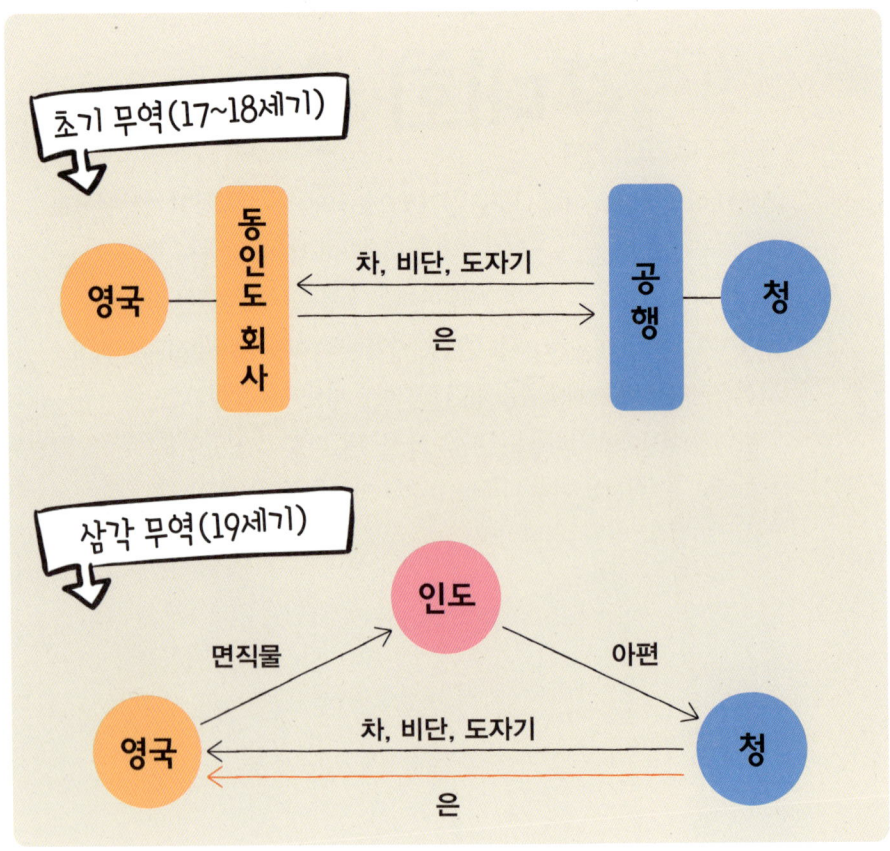

당시 영국 사람들은 하루에 몇 번씩이나 차를 마셨어요. 청에서 많은 양의 차를 수입하다 보니 나중에는 차를 수입할 때 필요한 은이 모자랄 정도였지요. 영국은 무역 적자를 메울 방법을 찾았어요. 영국은 인도에 면직물을 판 돈으로 인도산 아편을 사서 청에 비싼 값으로 팔기 시작했어요. 이것이 영국의 삼각 무역이에요. 아편은 양귀비 열매의 즙을 원료로 만든 무서운 물질이에요. 한번 피우기 시작하면 끊을 수 없고, 정신도 몽롱해져 일상생활을 할 수 없게 만들기 때문이에요.

얼마 지나지 않아 청은 아편 때문에 심각한 문제가 생겼어요. 농민들이 아편에 빠져 농사를 짓지 않았고, 아편에 중독된 관리들은 아편을 살 돈을 구하려고 부정부패를 저질렀어요. 심지어 나라에 세금으로 내야 할 은도 아편을 사는 데 쓸 정도였지요. 결국 청에서 엄청난 양의 은이 영국으로 빠져나갔고, 청의 나라 살림은 큰 어려움에 처했어요. 청 정부는 아편을 금지했지만 아무런 소용이 없었어요.

청 정부는 아편 문제를 해결하려고 임칙서를 광저우로 보냈어요. 임칙서는 아편을 금지해야 한다고 강하게 주장하던 관리였지요. 광저우에 간 임칙서는 영국 상인들에게 가지고 있는 아편을 모두 내놓으라고 명령했어요. 그렇지만 영국 상인들은 임칙서의 말을 무시했어요. 다른 관리들처럼 뇌물을 주면 될 거라고 생각했지요. 강직한 관리였던 임칙서는 영국 상인들이 가지고 있던 아편 2만여 상자를 빼앗아 모두 없애 버렸어요.

　이 소식을 들은 영국은 청과 전쟁을 벌이기로 결정했어요. 그렇지만 영국의 정치인들 중에는 영국이 전쟁을 일으키는 것에 반대하는 사람들도 꽤 많았어요. 이들은 영국 상인들이 중국에 아편을 파는 것은 나쁜 짓이고, 청에서는 아편을 금지할 권리가 있다고 주장했어요. 영국의 정치인 글래드스턴은 아편 전쟁을 '추악한 전쟁'이라고까지 했지요. 그럼에도 영국 정부는 청에 함대를 보내기로 결정했어요.

1840년, 영국 함대가 광저우 앞바다에 나타나 대포를 쏘면서 '제1차 아편 전쟁'이 시작되었어요. 영국에서는 '제1차 영·중 전쟁'이라고 해요. 청은 영국을 당해 낼 수가 없었어요. 당시 영국의 해군은 세계에서

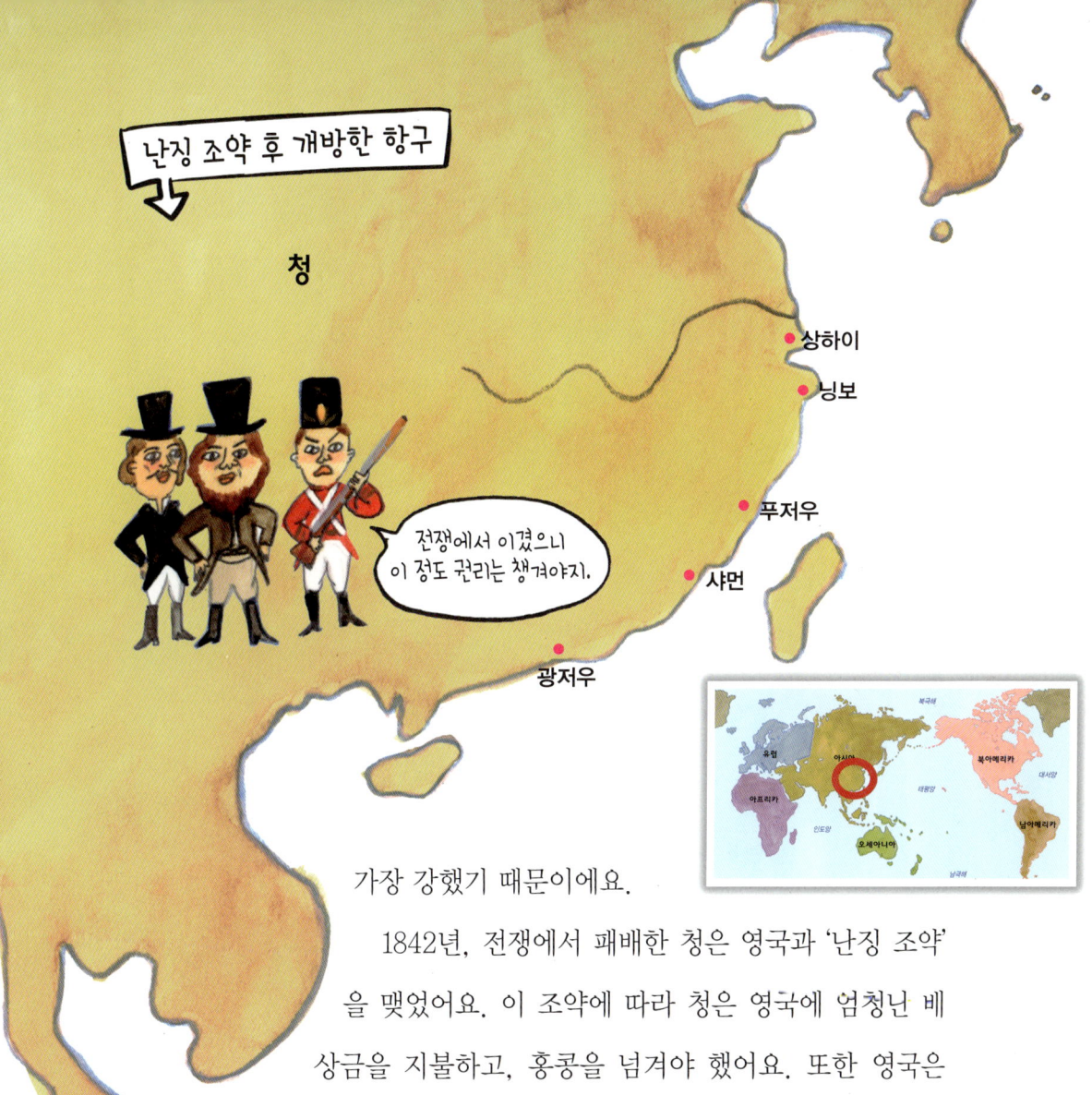

가장 강했기 때문이에요.

1842년, 전쟁에서 패배한 청은 영국과 '난징 조약'을 맺었어요. 이 조약에 따라 청은 영국에 엄청난 배상금을 지불하고, 홍콩을 넘겨야 했어요. 또한 영국은 상하이를 비롯한 중국 남부에 있는 다섯 항구를 마음대로 이용할 수 있게 되었지요. 이듬해에는 치외 법권과 최혜국 대우를 인정받았어요. 치외 법권은 영국 사람이 청에서 범죄를 저질러도 청의 법으로는 처벌할 수 없는 권리였어요. 최혜국은 청이 조약을 맺은 나라 가운데 가장 많은 이익을 받을 수 있도록 보장받은 나라를 말해요.

난징 조약은 청에 불리한 조약이었지요. 이런 조약을 '불평등 조약'이라고 해요. 아편 전쟁의 패배로 청나라 사람들은 큰 충격에 빠졌어요.

제1차 아편 전쟁이 끝나고 나서 영국은 공장에서 만든 면직물을 청에 수출하여 큰 이익을 볼 수 있을 것이라고 생각했어요. 그러나 영국이 기대했던 것만큼 면직물이 팔리지 않았어요. 청에서 만든 면직물의 품질이 영국 면직물보다 나쁘지 않았을 뿐만 아니라 영국을 싫어하는 청나라 사람들이 많아져 영국의 면직물을 사지 않았기 때문이었어요.

그런데 영국 정부는 영국의 상인들이 중국 영토를 자유롭게 다닐 수 없기 때문에 면직물이 많이 팔리지 않는다고 생각했어요. 그래서 청 정

부에 더 많은 곳에서 무역을 할 수 있도록 해 달라고 했지만 청은 이를 받아들이지 않았지요. 영국은 중국 내륙으로 들어가기 위해 호시탐탐 전쟁을 일으킬 구실을 찾았어요.

1856년에 청의 관리가 광저우 항에 머물던 영국 국적의 배인 애로호에 올라 중국인 선원 열두 명을 잡아갔어요. 중국인 선원들이 해적이라는 혐의 때문이었어요. 영국은 이 기회를 놓치지 않았어요. 영국은 잡아간 선원들을 즉각 돌려보내고 애로호에 걸려 있던 영국의 국기를 청의 관리가 함부로 내린 것을 사과하라며 청으로 쳐들어왔어요. 프랑스는 프랑스 선교사가 중국에서 살해된 것을 핑계로 전쟁에 끼어들었지요. **영국과 프랑스는 청의 수도인 베이징까지 쳐들어왔어요. 이 전쟁이 '제2차 아편 전쟁'이에요.**

베이징을 점령한 영국과 프랑스 군대는 사람들을 마구 죽이고, 물건을 빼앗았어요. 이뿐만 아니라 청 황실의 정원인 원명원을 불태웠지요. 깜짝 놀란 청은 항복을 선언하고, 1858년에 '톈진 조약', 1860년에는

'베이징 조약'을 맺었어요. 이 조약들에 따라 청은 영국과 프랑스에 막대한 배상금을 물고 중국에서 아편을 팔 수 있도록 허가해야 했지요. 또한 톈진 항을 비롯해 양쯔 강 주변 항구까지 문을 열어야 했어요.

태평천국 운동이 일어났어요

제1차 아편 전쟁에서 패한 후 청의 나라 살림은 나날이 어려워졌어요. 청 정부는 영국에 물어야 할 배상금을 마련하려고 농민들에게 가혹할 정도로 세금을 거두었지요. 서양에서는 면직물을 비롯한 값싼 상품이 쏟아져 들어와 수공업으로 상품을 만들던 많은 사람들이 일자리를 잃게 되었어요. 사람들의 생활은 점점 어려워졌고, 불만도 높아졌어요. 먹고살기 힘들어진 농민들은 여기저기서 반란을 일으켰지요. 그중 1851년에 홍수전이 일으킨 반란은 중국 전체를 흔들었어요. '태평천국 운동'을 일으킨 홍수전에 대해서 들려줄게요.

홍수전은 광둥 성에서 태어났어요. 그는 과거에 합격하여 관리가 되기 위해 열심히 공부했어요. 하지만 번번이 과거에 떨어졌지요. 홍수전이 세 번째 과거에서 떨어져 열병을 앓고 있었을 때 꿈속에 금발 노인이 나타나 '악마를 없애라!'라고 외쳤어요.

네 번째 과거에도 떨어진 홍수전은 크리스트교를 소개한 책을 읽게 되었어요. 이때 꿈에 본 노인이 하느님이며, 자신이 예수의 동생이라고 생각하게 되었어요. 홍수전은 '상제회'라는 종교 집단을 만들었어요. '상제'는 크리스트교의 유일신인 '여호와'를 가리키는 말이에요.

1851년에 홍수전은 신도들에게 누구나 평등하다고 가르쳤어요. 또 상제를 믿으면 살아서 행복하고 죽어서 천국으로 갈 것이라며 사람들을 모아 난을 일으켰어요. 이 난을 '태평천국 운동'이라고 해요. 고통에 시달리던 수많은 농민이 홍수전이 만든 태평천국에 모여들었지요.

홍수전은 '멸만흥한'을 주장했어요. 만주족인 청을 무너뜨리고 한족 국가를 다시 세우자는 것이었어요. **또한 토지도 농민들에게 골고루 나누어 줘야 하며 남녀는 평등해야 한다고 주장했어요.** 그동안 여자들을 괴롭히던 '전족'도 못하도록 했지요. 전족은 어릴 때부터 여자의 발을 헝겊으로 동여매어 자라지 못하게 한 중국의 풍습이에요. **태평천국은 난징을 수도로 정하고 한동안 세력을 떨쳤어요.**

태평천국 운동을 진압하는 데는 이홍장을 비롯한 신사 계급이 앞장섰어요. 신사 계급은 지방에 땅을 많이 소유한 지주들로 유교의 가르침을 따랐어요. 이들은 서양에서 들어온 크리스트교를 내세운 태평천국을 못마땅하게 여겼지요. 신사 계급은 스스로 의용군을 조직해서 태평천국을 진압하기 시작했어요. 영국을 비롯한 서양 세력도 이홍장을 도와주었지요. 성능 좋은 대포와 총을 앞세운 의용군은 1864년에 태평천국의 수도인 난징을 함락했어요. 이로써 태평천국 운동이 14년 만에 막을 내렸어요.

중국이 서양의 기술을 받아들였어요

청의 관리들은 아편 전쟁과 태평천국 운동을 겪으면서 서양 무기의 위력을 보고 깜짝 놀랐어요. 이들은 **청을 부강하게 만들기 위해서 서양의 뛰어난 과학 기술을 받아들여야 한다고 했어요**. 특히 무기 만드는 기술을 적극 받아들여야 한다고 했지요. **이를 '양무운동'이라고 해요.** 양무운동은 태평천국 운동을 진압하는 데 공을 세운 이홍장을 비롯한 한

족 출신의 관리들이 이끌었어요.

양무운동을 시작한 청은 무기 공장을 비롯해 조선소, 광산 등 여러 기업을 세웠어요. 또한 서양의 책을 중국어로 번역하고 유학생을 보내 서양의 문물을 배워 오도록 했지요. 그렇지만 모든 것을 서양식으로 바꾸자는 것은 아니었어요. 중국의 유교 문화를 바탕으로 하되, 서양의 과학과 기술을 받아들여 청을 부강한 나라로 만들려고 했지요. 이를 '중체서용'이라고 해요.

당시 청의 최고 권력자는 서태후였어요. 서태후는 제9대 황제인 함풍제의 후궁으로, 함풍제가 세상을 떠나자 자신의 아들인 동치제를 황제에 앉히고 모든 권력을 손에 넣었어요. 서태후는 베이징에 '이허위안'이라는 호화로운 궁궐과 정원을 짓고 그곳에 살았어요. 서태후는 양무운동을 반대하지는 않았지만 큰 힘을 보태지도 않았어요. 자신의 권력을 유지하는 데만 힘을 쏟았지요.

양무운동 기간에 청은 베트남으로 쳐들어온 프랑스와 싸웠어요. 청은 많은 돈을 써서 신식 무기를 갖추었지만 패했지요. 청·일 전쟁에서도 신식 무기를 갖춘 청의 해군과 육군은 일본에도 크게 패하고 말았어요. 양무운동이 성과를 내지 못한 거예요.

이허위안

양무운동이 실패로 끝나자 캉유웨이, 량치차오 같은 청의 지식인들은 서양의 과학 기술만 받아들인다고 나라가 강해지는 것은 아니라고 생각했어요. **이들은 의회 제도를 받아들여 입헌 군주제를 실시해야 한다고 주장했지요.** 동치제가 세상을 떠난 뒤 황제에 오른 광서제는 캉유웨이와 더불어 개혁을 실시하려고 했어요. 이때가 1898년이에요. **이를 '변법자강 운동'이라고 해요.** 그렇지만 청의 모든 권력을 잡고 있는 서태후가 걸림돌이었어요.

캉유웨이는 개혁에 방해되는 서태후를 없애려고 했지만 서태후가 한 발 빨랐어요. 이를 알아챈 서태후는 아무도 광서제를 만나지 못하도록 하고, 캉유웨이를 따르던 사람들을 모두 붙잡아 죽였어요. 캉유웨이만 간신히 목숨을 건졌지요. 변법자강 운동은 개혁을 선언한 지 100일 만에 실패로 돌아갔어요.

서태후는 광서제도 황제 자리에서 쫓아내려고 했어요. 그렇지만 서양 세력의 간섭으로 뜻을 이루지는 못했어요. 그 뒤로 서태후는 서양 세력을 매우 싫어하게 되었지요.

의화단이 난을 일으켰어요

애로호 사건 이후 차례로 맺은 톈진 조약과 베이징 조약에 따라 서양 강대국은 청에 철도를 놓고, 광산을 개발하고, 전기를 놓으면서 큰 이익을 가져갔어요. 크리스트교 선교사들도 많이 들어와 크리스트교가 퍼지기 시작했지요. 그러면서 중국의 전통이 사라질 것이라는 걱정도 늘었어요. 이 때문에 서양을 싫어하는 청나라 사람들도 많아졌지요. 그들 중에 의화단이 있었어요. 의화단은 원래 무술을 익히던 비밀 단체였어요. 의화단 사람들은 100일 동안 무술을 익히고 주문을 외우면 칼과 총에도 다치지 않는다고 믿었지요.

1899년에 의화단이 산둥 지역에서 봉기를 시작했어요. **이들은 '청을 부강하게 하고 서양 세력을 물리치자'고 주장했어요. 이 주장을 '부청멸양'이라고 해요.** 의화단은 크리스트교 선교사와 외교관 등 서양 사람들을 죽이고 교회를 불태웠어요. 의화단의 세력은 점점 커졌어요. 1900년에는 베이징까지 쳐들어갔지요. 의화단은 베이징에서도 닥치는

대로 서양 사람들을 죽였어요. 서양 외교관이 머물던 공관까지 공격했지요.

의화단의 세력이 커지자 서태후는 서양 세력을 몰아낼 기회라고 여겼어요. 서태후는 제국주의 열강에 전쟁을 선포했어요. 그러자 영국을 비롯한 여덟 나라는 연합군을 만들어 베이징으로 쳐들어왔어요. 깜짝 놀란 서태후는 전쟁 선포를 취소했지만 막대한 배상금을 물어야 했지요. 그 후 서양 강대국은 외교관을 지킨다는 구실로 베이징에 군대를 머물게 했어요. 중국 한복판에 다른 나라의 군대가 자리를 잡은 거예요.

중국이 서양 강대국의 침략에 시달리고 있을 때, 동아시아의 섬나라 일본에서는 무슨 일이 있었을까요?

일본이 동아시아의 강대국이 되었어요

1853년에 미국 동인도 함대가 일본의 에도 앞바다에 나타났어요. 중국에서 제1차 아편 전쟁이 끝나고 십여 년이 흐른 뒤였지요. 미국 사령관 페리 제독은 대포를 쏘며 일본에 국교를 맺자고 협박했어요. 그동안 일본은 나라의 문을 닫고 서양 사람들이 일본으로 들어오는 것을 막고 있었어요.

일본의 에도 막부는 고민에 빠졌어요. 서양의 군사력이 우수하다는 것을 알고 있었기 때문이에요. 청이 아편 전쟁에서 성능 좋은 대포와 총을 앞세운 영국에 패배한 소식이 이미 일본에도 전해졌거든요. 에도 막부는 고민 끝에 나라의 문을 열기로 했어요.

이듬해, **일본은 미국과 미·일 화친 조약을 맺고, 뒤이어 미·일 수호 통상 조약을 맺었어요.** 일본은 미국이 시모다와 하코다테 등에서 자유롭게 무역을 할 수 있도록 하고, 미국에 치외 법권과 최혜국 대우를 약속했어요. 그 뒤를 이어 영국, 네덜란드, 러시아, 프랑스와도 통상 조약을 맺었지요.

일본의 개항으로 동아시아에서 서양 강대국에 문을 열지 않은 나라는 조선밖에 없었어요. 간간이 조선 바닷가에 서양의 배가 나타나기는 했지만, 그때까지 조선은 조용했답니다.

일본이 미국과 싸워 보지도 않고 나라의 문을 열자 에도 막부에 불만을 품은 번이 많아졌어요. 그중 조슈 번과 사쓰마 번이 가장 불만이 컸어요. 당시 일본은 에도 막부를 중심으로 270개 정도의 작은 나라로 나뉘어 있었는데, 이 나라들이 '번'이에요. 조슈 번과 사쓰마 번은 에도 막부에 맞설 만큼 세력이 강했어요. 에도 막부에 불만을 품은 번들은 일본 왕을 중심으로 모였어요. 일본 왕은 12세기에 가마쿠라 막부가 들어선 이후 이름만 있는 자리였어요. 일본 백성들은 왕이 있는지도 몰랐어요. 일본의 최고 권력자는 막부의 우두머리인 쇼군이었지요.

일본의 개항장과 사쓰마 번과 조슈 번

일본이 나라의 문을 열고 서양 강대국과 무역을 시작하면서 비단의 원료인 생사나 차 등이 엄청나게 많이 빠져나가고, 값싼 해외 물건이 쏟아져 들어왔어요. 그러자 물가가 오르고 백성들이 살기가 힘들어졌지요. 백성들의 불만이 점점 높아졌어요.

에도 막부를 비판하는 소리가 커지자 에도 막부의 쇼군은 막부를 반대하는 번을 치려고 했어요. 하지만 막부의 군대가 밀렸지요. 결국 1867년에 에도 막부의 쇼군이 일본 왕에게 권력을 넘겨주었어요. 이로써 약 700여 년간 계속됐던 막부 정치가 역사 속으로 사라졌어요.

일본 왕은 막부의 수도였던 에도를 도쿄로 이름을 바꾸고, 새 정부의 수도로 삼았어요. 일본 왕의 연호는 정치를 밝게 잘한다는 뜻의 '메이지'로 바꾸었지요. 그래서 **새로운 정부를 메이지 정부, 일본 왕을 메이지 왕이라고 해요. 이때가 1868년이에요.** 메이지 정부는 정치, 경제, 사회, 문화 등 모든 제도를 새롭게 바꾸었어요. 이 개혁을 '메이지 유신'이라고 해요. '유신'은 낡은 제도를 고쳐 새롭게 한다는 뜻이에요.

메이지 정부는 1871년에 지방을 다스리던 번을 모두 없앴어요. 그러고는 일본 전체를 부와 현으로 나누고, 정부에서 직접 관리를 내려보내 지방을 다스렸어요. 또한 호적과 토지 조사를 실시해 세금을 정확하게 걷어 나라의 재정을 튼튼하게 했지요.

　메이지 정부는 서양의 문물을 적극 받아들였어요. 신식 학교를 세우고, 젊은이들을 서양으로 보내 문물을 배워 오도록 했지요. 또한 철도를 깔고, 전신, 전화 등을 설치했으며 서양식 군대를 만들고, 남자 어른들은 모두 군대를 다녀오도록 징병제를 실시했어요. 무사들은 더 이상 설 자리가 없어졌어요. 무사들이 여기저기에서 반란을 일으켰지만 신식 군대를 이길 수는 없었어요. 1889년에 메이지 정부는 '대일본 제국 헌법 선포식'

을 통해 정치 제도가 바뀌었음을 세상에 널리 알렸어요. 이듬해에는 의원 선거를 실시하여 의회를 열었지요. 이때부터 일본은 입헌 군주국으로 탈바꿈했어요.

　메이지 정부는 일본의 모든 제도를 새롭게 바꾸고, 왕을 중심으로 일본을 부강하게 만들기 위해 노력했어요. 어때요, 청의 양무운동이 중국의 낡은 제도를 그대로 두고 서양의 문물만 받아들이려고 한 것과 많이 다르지요? 그 결과 20세기에 청은 서양 강대국의 침략에 시달리게 되었지만 일본은 세계에서 손꼽히는 강대국으로 발전할 수 있었어요.

근대화에 성공한 일본은 서양 강대국처럼 다른 나라를 침략하기 시작했어요. 먼저 가장 가까이 있는 조선을 넘보기 시작했지요. **일본은 1876년에 군함을 이끌고 강화도 앞바다에 나타나 강제로 강화도 조약을 맺었어요.** 미국이 일본과 국교를 맺은 방법과 똑같았지요. 하지만 조선을 쉽게 식민지로 만들 수는 없었어요. 조선을 둘러싸고 청과 경쟁을 해야 했기 때문이에요.

1894년에 조선에서 동학을 믿는 농민들이 '동학 농민 운동'을 일으켰어요. 청이 조선 정부의 요청으로 조선에 군대를 보내자 일본도 조선에 군대를 보냈어요. 그러자 동학 농민군은 정부와 화약을 맺고 스스로 흩어졌지요. 조선 정부는 청과 일본 군대에게 조선에서 나가 달라고 했어요. 하지만 일본은 조선의 요구를 들어줄 생각이 없었어요. 오히려 **경복궁을 침범하고 청을 공격했지요. 이 전쟁이 청·일 전쟁이에요.**

청·일 전쟁에서 누가 이겼다고 했지요? 맞아요, 일본이 크게 이겼어요. **일본은 청으로부터 막대한 배상금을 받고, 이를 바탕으로 군사력을 크게 키울 수 있었어요.** 동아시아에서 가장 강한 나라가 된 일본은 금방 조선을 손에 넣을 수 있을 거라고 생각했어요. 하지만 이번엔 러시아가 걸림돌이 되었어요. **1904년에 일본은 러시아를 공격했어요.** 이 전쟁이

러·일 전쟁이에요.

러·일 전쟁에서도 일본이 이겼어요. 서양 강대국들은 깜짝 놀랐어요. 일본이 동아시아의 강대국인 청뿐만 아니라 유럽의 강대국인 러시아도 꺾었기 때문이에요. **그 후 일본은 조선과 만주 지역을 침략하기 시작했고, 1910년에는 조선을 식민지로 만들었어요.** 동아시아의 작은 섬나라인 일본이 서양 강대국과 어깨를 나란히 하는 강대국이 된 거예요.

이 무렵 수많은 나라가 서양 강대국의 식민지가 되었어요. 먼저 서아시아를 지배하던 오스만 제국으로 가 볼까요?

오스만 제국이 개혁에 실패했어요

　오스만 제국은 서아시아, 지중해 지역, 동유럽, 북아프리카에 걸친 넓은 영토를 다스리던 강대국이었어요. 그렇지만 유럽이 신항로를 개척하면서 점차 내리막길을 걷기 시작했지요. 19세기에도 오스만 제국은 유럽 강대국의 계속된 침략에 시달렸어요. 영토도 많이 빼앗겨 1830년에는 그리스가 독립했고, 이집트도 자치권을 얻어 나갔어요.

　오스만 제국이 흔들리자 오스만 제국 안에서 개혁을 요구하는 목소리가

커졌어요. 이에 1839년에 오스만 제국의 **술탄 압둘 마지드가 오스만 제국을 유럽 강대국처럼 근대 국가로 만들기 위해 '탄지마트'를 시작했어요.** 탄지마트는 터키 어로 '개혁'이라는 뜻이에요. 압둘 마지드는 이슬람교 신자와 크리스트교 신자를 차별하지 않기로 했어요. 국민들도 재판을 받지 않으면 벌을 줄 수 없도록 했지요. 세금도 법에 따라 공정하게 걷도록 했어요. 이뿐만 아니라 학교를 새로 지어서 유럽의 학문을 가르쳤어요.

압둘 마지드는 나라를 부강하게 만들려고 서양의 제도를 받아들였지만 자유, 평등, 정의 같은 서양의 앞선 사상을 받아들이려고는 하지 않았어요. 이 때문에 오스만 제국 지식인들의 불만은 높아졌지요. 개혁을 둘러싸고 오스만 제국은 혼란스러웠어요. 탄지마트는 큰 성과를 거둘 수 없었지요.

1853년에 프랑스가 오스만 제국의 영토 안에 사는 로마 가톨릭 신도와 시설을 보호해 달라고 오스만 제국의 술탄에게 요구했어요. 그러자 러시아는 오스만 제국에 사는 그리스 정교 신도들을 보호해야 한다며 발칸 반도로 군대를 보냈어요. 물론 러시아의 속셈은 따로 있었지요. **발칸 반도를 통해 지중해를 차지하기 위해서였어요.** 그런데 **영국과 프랑스가 오스만 제국 편에 서서 러시아와 싸웠어요.** 러시아의 세력이 커지는 것을 막기 위해서였지요. **이 전쟁이 '크림 전쟁'이에요.** 대부분의 전투가 흑해에 있는 크림 반도 주변에서 일어나서 크림 전쟁이라고 해요. 크림 전쟁에서 가장 유명한 사람은 '백의의 천사'로 불리는 나이팅게일이에요. 영국의 간호사인 나이팅게일은 크림 전쟁에서 병사들을 헌신적으로 치료하고, 간호학의 기초를 세웠어요.

러시아는 유럽에서 가장 강한 영국과 프랑스를 이길 수가 없었어요. 전쟁에서 패한 러시아는 일단 발칸 반도에서 발을 뺄 수밖에 없었지요. 오스만 제국은 그 후 영국과 프랑스의 간섭을 많이 받아야 했어요.

1876년에 오스만 제국은 헌법을 만들었어요. 헌법에는 입헌 군주제를 실시한다고 되어 있었어요. **이 헌법을 '미드하트 헌법'이라고 해요. 아시아 국가로서는 처음 만든 근대적 헌법이었지요.** 미드하트 헌법에 따라 오스만 제국에서는 언론, 출판, 종교의 자유가 보장되었어요. 의회와 내각도 들어섰지요.

이듬해에 러시아가 다시 오스만 제국으로 쳐들어왔어요. 이때를 틈타 오스만 제국의 술탄 압둘하미드 2세는 전쟁에서 이기려면 술탄의 힘이 강력해야 한다면서 헌법을 정지시키고 의회를 해산했어요. 또한 자신을 비판하는 내용이 실린 책과 신문을 만들지 못하도록 했지요. 압둘하미드 2세는 비밀 경찰을 만들어 자신을 비판하는 사람들을 잡아들여 죽였어요. '붉은 술탄'이라고 불릴 정도로 수많은 사람을 죽였지요.

압둘하미드 2세는 러시아의 침입을 막았을까요? 아니에요. 러시아에 지고 말았어요. 그 뒤 오스만 제국은 발칸 반도에 있는 세르비아, 몬테네그로, 루마니아의 독립을 인정해야 했고, 불가리아 정치에 간섭하지 않기로 했어요. 오스만 제국의 영토는 점점 줄어들었지요. 다음은 오스만 제국의 동쪽에 있는 인도로 가 볼까요?

인도가 영국의 식민지가 되었어요

16세기에 세워진 인도의 무굴 제국은 이슬람 국가였어요. 17세기 말부터 힌두교 신자들이 자주 반란을 일으켰고, 18세기에는 영국과 프랑스가 동인도 회사를 앞세워 인도를 침략하기 시작했어요. 18세기 중엽에는 영국이 프랑스를 쫓아내고 인도 남부에 있는 벵골을 지배하고 세금을 걷을 수 있는 권리를 얻어 냈지요. 그 후 영국은 벵골에서 걷은 세금으로 인도의 향료와 면화 등을 유럽에 가져가 막대한 이익을 얻을 수 있었어요. 19세기에 접어들면서 영국이 인도 대부분을 지배하였으며, 무굴 제국은 이름만 남아 있었지요.

1857년에 무굴 제국에서 세포이가 반란을 일으켰어요. **세포이는 영국의 동인도 회사가 넓은 인도를 지배하려고 돈을 주고 고용한 인도 병사를 가리키는 말이에요.** 이 무렵, 중국에서는 제2차 아편 전쟁이 일어났지요.

세포이는 처음에는 나쁘지 않은 대우를 받았어요. 하지만 갈수록 대우가 나빠지는 데다 영국 지휘관들의 무시와 인종 차별도 받았지요. 세포이는 힌두교나 이슬람교를 믿었어요. 힌두교는 소를 신성하게 여겨서 먹지 않고, 이슬람교는 돼지고기를 먹지 않아요. 그런데 동인도 회사가 세포이에게 소와 돼지의 기름이 묻은 탄약통을 지급했다는 소문이 돌았어요. 탄약을 꺼내려면 탄약통을 입으로 물어서 뜯어야 했는데, 그러면 소와 돼지를 먹는 것과 다름없는 것이었지요.

크게 분노한 세포이들은 영국군과 맞서 싸우기 시작했어요. 가난과 굶주림에 시달리던 인도 사람들도 항쟁에 힘을 보탰어요. 영국에 강제로 땅을 빼앗긴 지주, 영국의 값싼 면직물 때문에 일자리를 잃은 수공업자, 면화와 아편을 재배하느라 곡물을 재배할 땅이 없어진 농민들이 세포이의 항쟁에 함께했지요. 이들은 한때 수도인 델리를 점령할 정도로 세력이 커졌어요.

그러자 영국에서 군대를 파견했어요. 세포이들은 막강한 군사력이 있는 영국을 이길 수 없었지요. 세포이의 항쟁을 진압한 **영국의 빅토리아 여왕은 이 사건을 구실로 무굴 제국을 없앴어요. 이로써 인도는 완전한 영국의 식민지가 되었어요.** 그 후 1877년에 영국은 인도 제국을 세우고 빅토리아 여왕이 인도 황제에 올랐어요.

이제 서양 강대국들의 침략에 시달리는 동남아시아로 가 볼까요?

동남아시아와 아프리카가 서양 강대국의 식민지가 되었어요

동남아시아도 15세기 신항로 개척 이후에 에스파냐, 포르투갈, 영국, 네덜란드의 침략에 시달렸어요. 18세기 말에는 동남아시아 곳곳에 고무, 커피, 사탕수수 등을 한꺼번에 많이 재배할 수 있는 농업 형태인 플랜테이션이 만들어졌지요. 19세기에는 서양 강대국들이 천연자원을 빼앗아 가기 위해 동남아시아에서 치열하게 다투기 시작했어요.

1858년에 프랑스가 베트남으로 쳐들어왔어요. 베트남 왕이 유럽의 선교사들을 잡아서 사형에 처한 것을 빌미로 삼았지요. 베트남 군대는 용감하게 맞섰지만 대포와 총을 앞세운 프랑스에 패했어요. 결국 1883년에 베트남은 프랑스의 식민지가 되었지요. 1884년에 프랑스는 청과 전쟁을

벌였어요. 베트남은 오랫동안 청의 지배를 받았는데, 청이 베트남을 자기네 땅이라며 싸움을 시작한 것이지요. 이 전쟁을 청·프랑스 전쟁이라고 해요. 청·프랑스 전쟁에서는 프랑스가 이겼어요. 베트남을 차지한 프랑스는 캄보디아, 라오스 등 인도차이나 반도를 식민지로 만들었지요.

동남아시아의 싱가포르, 믈라카, 브루나이, 미얀마는 모두 영국의 식민지가 되었어요. 인도네시아는 네덜란드의 식민지가 되었지요. 필리핀은 원래 에스파냐의 식민지였는데 미국이 빼앗았어요. 미국은 태평양 제도의 여러 지역을 식민지로 만들었지요. 결국 **19세기 말에는 타이를 뺀 동남아시아의 모든 나라가 서양 강대국의 식민지가 되었어요.**

타이도 영국과 프랑스가 식민지로 삼으려고 했어요. 타이에서 맞붙은 두 나라는 서로 싸우지 않고 타협하여 타이를 중립 지대로 놓아두었지요. 이 밖에 타이가 독립을 유지할 수 있었던 것은 서양의 문물을 적극 받아들이고, 외교 정책을 통해 독립을 유지하려고 애썼기 때문이기도 했어요.

중앙아시아는 대부분 러시아가 차지했어요. 러시아는 투르크메니스탄, 우즈베키스탄, 부하라, 파미르 고원 등을 차지했지요.

아프리카도 대부분 서양 강대국의 식민지가 되었어요. 이집트는 오스만 제국의 지배를 받고 있었어요. 1805년에 오스만 제국의 이집트 총독이 된

무함마드 알리가 오스만 제국의 지배로부터 벗어났어요. 이집트는 수에즈 운하를 건설해 큰돈을 벌려고 했어요. 수에즈 운하를 통하면 아프리카를 빙 돌지 않고 지중해에서 홍해를 거쳐 곧바로 인도로 갈 수 있기 때문이에요. 이집트는 유럽 은행에서 돈을 빌려 수에즈 운하를 건설했는데, 너무 많은 돈을 빌려 이자도 낼 수 없었어요. 이집트는 할 수 없이 영국에 헐값으로 수에즈 운하의 주식을 팔았어요. 수에즈 운하를 차지한 영국은 1882년부터 이집트를 지배하기 시작했지요.

사하라 사막 이남의 아프리카 대륙은 19세기 중반까지 유럽 사람들에게 거의 알려져 있지 않은 곳이었어요. 영국은 이집트를 비롯해서 수단, 우간다, 케이프 식민지 등을, 프랑스는 모로코, 알제리 등을 식민지로 삼았지요. 그 뒤를 이어 독일, 이탈리아, 포르투갈, 에스파냐, 벨기에 등이 아프리카를 나누어 가졌어요. 이렇게 20세기 초에는 **이탈리아를 물리친 에티오피아와 아메리카에 살던 흑인들이 돌아와서 세운 라이베리아를 뺀 아프리카 대륙 전체가 서양 강대국의 식민지가 되었어요.** 제국주의 국가들이 전 세계를 마치 땅따먹기 하듯 나눠 가진 셈이에요.

지도 위 세계사
중국에서 만나는 서양 강대국

아편 전쟁 이후 중국은 서양 강대국과 교류하게 되었어요.
불평등 조약으로 맺어진 강제 개항이었지요.
중국에 남아 있는 서양 열강의 흔적을 만나 보아요.

우다다오 거리

톈진

북부 화베이 지구에 있는 중앙 직할시예요. 애로호 사건 이후 맺어진 톈진 조약으로 개항되었지요. 외국인들이 모여 살던 우다다오 거리에는 서양식 건축물들이 많이 있어요. 마르코 폴로 광장이 있는 이탈리아 거리는 관광지로 유명해요.

마르코 폴로 광장

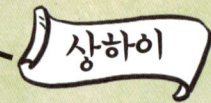

상하이

난징 조약으로 가장 빨리 문을 연 5개 도시 중 하나예요. 양쯔 강 하구에 있어요. 상하이는 중국의 근대화 과정을 가장 잘 보여 주는 도시예요. 와이탄 거리에는 서양 건축 양식의 건물들이 많이 있어요. 세계적인 무역항인 상하이에서는 박람회도 자주 열려요.

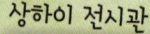

상하이 전시관

와이탄 거리

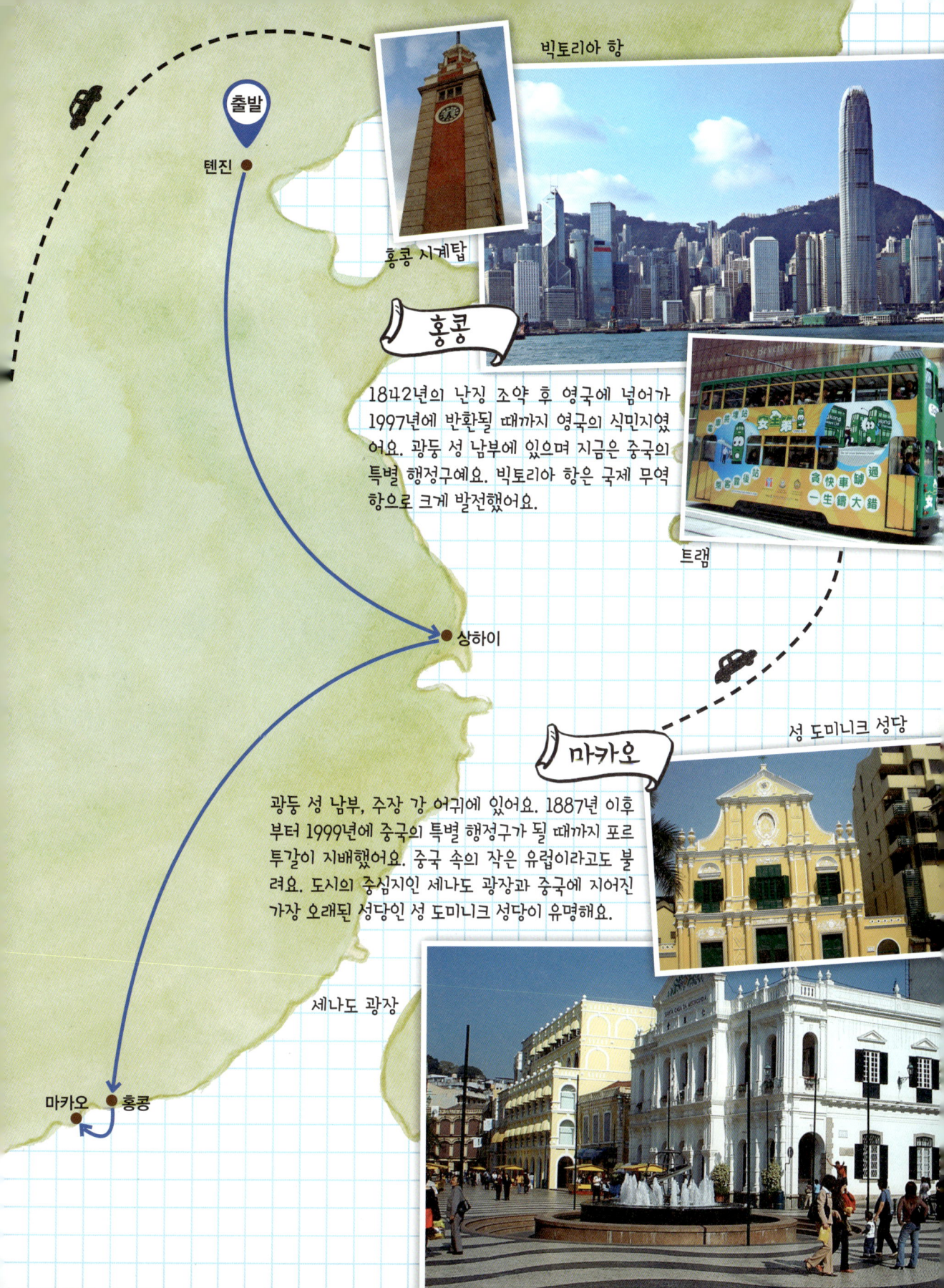

빅토리아 항

홍콩 시계탑

홍콩

1842년의 난징 조약 후 영국에 넘어가 1997년에 반환될 때까지 영국의 식민지였어요. 광둥 성 남부에 있으며 지금은 중국의 특별 행정구예요. 빅토리아 항은 국제 무역항으로 크게 발전했어요.

트램

성 도미니크 성당

마카오

광둥 성 남부, 주장 강 어귀에 있어요. 1887년 이후부터 1999년에 중국의 특별 행정구가 될 때까지 포르투갈이 지배했어요. 중국 속의 작은 유럽이라고도 불려요. 도시의 중심지인 세나도 광장과 중국에 지어진 가장 오래된 성당인 성 도미니크 성당이 유명해요.

세나도 광장

2장
민족주의와 제1차 세계 대전

19세기부터 유럽에서는 민족주의가 퍼져 나갔어요. 통일을 이루지 못했던
이탈리아와 독일에서도 통일의 기운이 높아졌지요.
마침내 통일을 이룬 독일과 이탈리아는 식민지 쟁탈에 뛰어들었어요.
유럽 강대국은 아시아와 아프리카에서 식민지를 만들려고 싸우고
유럽에서는 자기들끼리 주도권을 차지하기 위해 경쟁했어요.
결국 유럽 강대국이 연합국과 동맹국 편으로 나뉘어
제1차 세계 대전이 터졌어요.
19세기 중반부터 20세기 초반까지 유럽의 민족주의와
제1차 세계 대전에 대해 알아보아요.

1898년
영국과 프랑스,
파쇼다에서 충돌

1907년
영국·프랑스·러시아
삼국 협상 이루어짐

1914년
제1차 세계 대전 시작

1918년
제1차 세계 대전 끝남

이탈리아와 독일이 통일을 이루었어요

19세기 초반부터 유럽에는 민족의 독립과 통일을 가장 중요하게 여기는 사상이 퍼져 나갔어요. 이런 사상을 '민족주의'라고 해요. 특히 같은 민족끼리 하나의 나라를 세우지 못한 이탈리아와 독일 지역에서 민족주의 사상이 강하게 불었지요.

이탈리아는 영국과 프랑스가 식민지 개척에 한창일 때도 토스카나, 베네치아, 사르데냐, 시칠리아 등의 여러 나라로 갈라져 있었어요. 게다가 북부 지역은 오스트리아의 지배를 받고 있었지요.

맨 처음 이탈리아의 통일 운동을 시작한 사람은 마치니였어요. 마치니는 1831년에 청년 이탈리아당을 세워 이탈리아를 통일해야 한다고 외쳤어요. 19세기 중엽에 이탈리아의 통일 운동을 이끈 사람은 사르데냐의 재상인 카보우르였어요. 카보우르는 프랑스 군대와 함께 오스트리아와 싸워 이탈리아 중부와 북부를 통일하는 데 성공했지요.

이 무렵, 이탈리아 남부에서는 가리발디가 '붉은 셔츠대'라는 의용군을 이끌고 통일 운동을 이끌었어요. 1860년에 가리발디가 이끄는 붉은 셔츠대는 이탈리아 남부의 시칠리아와 나폴리를 점령했어요. 가리발디는 이탈리아를 공화국으로 만들고 싶었지

만 먼저 이탈리아가 통일되어야 한다고 생각했어요. 그래서 자신이 점령한 땅을 이탈리아 북부와 중부를 통일한 사르데냐에 넘겼지요. 이로써 교황이 있던 로마와 베네치아를 뺀 이탈리아 왕국이 세워졌어요. 그 후 **이탈리아는 베네치아와 로마를 합쳐서 이탈리아를 통일했어요. 이때가 1870년이에요.** 통일을 이룬 이탈리아는 다른 유럽 강대국처럼 식민지를 얻기 위해 다른 나라를 침략하기 시작했어요.

독일 지역은 오랫동안 신성 로마 제국의 영토였어요. 기억하지요? 신성 로마 제국은 여러 영방 국가의 모임이었어요. 영방 국가는 실제로는 독립국과 다름없었지요. 약 900년이나 이어 온 신성 로마 제국은 1806년에 나폴레옹의 침입으로 사라졌어요.

독일 지역에서는 나폴레옹과 싸우면서 민족주의가 나타났어요. 나폴레옹 전쟁이 끝난 뒤 독일 지역의 나라들은 '독일 연방'을 만들었어요. 독일 연방에서는 프로이센이 가장 강한 나라였지요. 1848년에 프로이센에서 혁명이 일어났어요. 독일의 지식인들이 입헌 군주국을 세우고, 이를 바탕으로 독일을 통일하자고 주장한 거예요. 하지만 프로이센의 왕인 프리드리히 빌헬름 4세가 이를 거부했어요. 혁명은 실패로 끝나고 말았지요.

독일 통일을 이끈 사람은 프리드리히 빌헬름 4세의 동생인 빌헬름 1세였어요. **빌헬름 1세는 비스마르크를 수상에 임명하고 독일의 통일 운동을 이끌게 했어요.** 독일 통일을 이끈 비스마르크에 대해서 들려줄게요.

비스마르크는 1815년에 프로이센의 지주 집안에서 태어났어요. 대학에서 법률을 공부한 비스마르크는 서른두 살에 프로이센 의회의 의원이 되면서 정치를 시작했지요.

1861년에 프리드리히 빌헬름 4세의 동생인 빌헬름 1세가 왕에 올랐어요. 이듬해에 빌헬름 1세는 비스마르크를 수상에 임명했어요. 수상이 된 비스마르크는 의회 연설에서 이렇게 말했어요.

"독일의 통일은 의회의 연설이나 다수결이 아니라 오로지 철과 피로 해결할 수 있습니다."

철은 군사력을, 피는 전쟁을 뜻하는 말이었어요. 이 말 때문에 비스마르크에게 '철혈 재상'이라는 별명이 생겼지요.

수상이 된 비스마르크는 우선 프로이센을 강한 나라로 만들기 위해서 여러 정책을 펼쳤어요. 이 무렵 독일 지역은 통일을 두고 크게 두 가지 의견으로 갈라져 있었어요. 하나는 오스트리아를 중심으로 신성 로마 제국의 영광을 되살리자는 것이었어요. 이를 '대독일주의'라고 해요. 다른 하나는 프로이센과 게르만 족을 중심으로 나라를 세우자는 의견이었어요. 이를 '소독일주의'라고 해요.

비스마르크는 소독일주의를 지지했어요. 오스트리아에는 게르만 족뿐만 아니라 여러 민족이 어울려 살고 있기 때문에 통일을 이루기 어렵다고 생각한 거예요. 독일을 통일하는 데 가장 큰 걸림돌은 오스트리아였어요. 이웃에 있는 프랑스도 독일 통일을 바라지 않았지요. 주변에 강한 나라가 들어서면 프랑스를 위협할 수 있기 때문이에요.

1866년에 프로이센은 오스트리아와 전쟁을 시작했어요. 이를 프로이센·오스트리아 전쟁이라고 해요. 프로이센 북부 지역에 있는 슐레스비히, 홀슈타인에서 오스트리아가 프로이센에 반대하는 정책을 펼치고 있다는 것을 구실로 삼았지요. 프로이센은 7주 만에 오스트리아를 물리쳤어요. 오스트리아는 슐레스비히와 홀슈타인을 프로이센에 넘기고, 독일 통일에 간섭하지 않기로 약속했어요. 이로써 독일 지역의 3분의 2가

프로이센의 영토가 되었지요.

비스마르크는 1870년에 프랑스로 쳐들어갔어요. 프로이센 군대는 5주 만에 프랑스의 나폴레옹 3세로부터 항복을 받아 냈어요. 다음 해에는 프랑스의 수도인 파리를 점령했어요. 프로이센은 프랑스로부터 막대한 보상금과 프랑스 동부에 있는 알자스-로렌 지역을 얻을 수 있었지요. **1871년에 프로이센의 빌헬름 1세는 프랑스의 베르사유 궁전에서 독일 제국이 세워졌다는 것을 세상에 알렸어요. 이로써 독일은 통일을 이루었지요.**
그 뒤 독일 제국도 다른 서양의 강대국과 같은 일을 했어요. 나라의 힘을 키우고, 아시아와 아프리카에 식민지를 만들기 시작한 거예요.

유럽이 삼국 동맹과 삼국 협상으로 갈라졌어요

독일 제국이 탄생한 뒤 비스마르크는 다른 나라와 평화롭게 지내려고 했어요. 그래야 독일 제국이 번영을 누릴 수 있다고 생각한 거예요. 하지만 프랑스가 가장 큰 걸림돌이었어요. 프랑스는 독일 제국에 빼앗긴 알자스-로렌 지방을 되찾고 싶어 했어요. 비스마르크는 프랑스를 국제적으로 따돌려서 프랑스가 복수를 하지 못하게 만들려고 했지요. **1882년에 비스마르크는 오스트리아와 이탈리아를 끌어들여 삼국 동맹을 맺었어요.** 독일 제국과 오스트리아는 러시아의 공격에 함께 대비하기 위해서 손을 잡았어요. 이탈리아는 북아프리카에 있는 튀니지를 프랑스에 빼앗겼기 때문에 프랑스에 불만이 컸어요.

1888년에 빌헬름 2세가 독일 제국의 황제가 되었어요. 강력한 독일 제국을 만들고 싶었던 빌헬름 2세는 비스마르크가 주변 나라의 눈치를 본다며 못마땅하게 여겼어요. 비스마르크는 독일이 지나치게 강해지면 큰 전쟁이 터질 것이라고 걱정했지요. 결국 빌헬름 2세는 비스마르크를 수상에서 쫓아냈어요.

그러자 독일 제국이 더 이상 강해지는 것을 원하지 않는 나라들이 힘을 합치기 시작했어요. 먼저 프랑스와 러시아가 손을 잡았고, 그다음은 영국과 프랑스, 1907년에는 영국과 러시아가 손을 잡았어요. 이에 따라 영국, 프랑스, 러시아의 삼국 협상이 이루어졌어요. 유럽 강대국들은 삼국 동맹과 삼국 협상으로 나뉘어 서로 경쟁했어요.

이 무렵, 영국은 3시(C) 정책을 추진하고 있었어요. 3시(C) 정책은 이집트의 카이로(Cairo), 남아프리카의 케이프타운(Cape Town), 인도의 콜카타(Kolkata)를 잇는 정책이에요. 3시(C)는 카이로, 케이프타운, 콜카타의 머리글자예요.

콜카타의 옛 이름이 캘커타(Calcutta)였거든요. 이 세 도시를 연결하여 그 주변을 모두 식민지로 만들겠다는 것이었지요.

영국의 3시(C) 정책에 맞서 독일이 3비(B) 정책을 추진했어요. 독일의 베를린(Berlin), 터키의 비잔티움(Byzantium), 이라크의 바그다드(Baghdad)를 잇는 정책이었어요. 3비(B)는 이 세 도시의 머리글자이지요. 독일은 이 세 도시를 철도로 이어서 발칸 반도에서 페르시아 만까지 정복하려는 계획이었어요.

아프리카에서는 영국과 프랑스가 맞붙었어요. 영국은 이집트의 카이로에서 남아프리카의 케이프타운을 남북으로 연결하는 철도를 건설하려고 했어요. 아프리카를 북에서 남으로 정복하려는 계획이었지요. 이를 '종단 정책'이라고 해요. 프랑스는 알제리에서

지부티를 동서로 연결하는 철도를 건설하려고 했어요. 이를 '횡단 정책'이라고 해요. 북쪽에서 남쪽으로 나아가는 영국과 서쪽에서 동쪽으로 나아가는 프랑스가 수단의 파쇼다에서 충돌했어요. 하지만 두 나라는 서로 타협하여 전쟁을 벌이지는 않았어요.

삼국 협상과 삼국 동맹으로 갈라진 유럽 강대국의 경쟁은 점점 치열해졌어요. 거기에 **19세기 초반부터 프로이센, 러시아, 오스트리아 등에서 '민족주의'가 강해졌어요.** 민족주의는 원래 다른 민족의 지배에서 벗어나 민족을 중심으로 통일 국가를 이루고 지켜야 한다는 사상이에요. 그런데 민족주의가 강해지면서 자기 민족을 위해서라면 다른 민족을 없애 버려도 좋다는 생각이 점점 퍼졌지요. **유럽에 나타난 민족주의 중에서 가장 강한 사상이 '범슬라브주의'와 '범게르만주의'였어요.**

범슬라브주의는 18세기 말에 나타났어요. 처음에는 슬라브 족의 문화가 우수하다는 것을 알리려는 운동이었어요. 그러다 슬라브 족끼리 뭉쳐 오스트리아와 오스만 제국의 지배에서 벗어나자는 운동으로 바뀌었지요. 19세기에는 러시아가 유럽에 있는 슬라브 족을 하나로 합쳐서 슬라브 제국을 건설하자고 주장했어요. 러시아 국민들이 대부분 슬라브 족이었기 때문이에요.

범슬라브주의에 맞선 사상이 '범게르만주의'예요. 게르만 족이 뭉쳐서 게르만 제국을 세우자는 주장이지요. 범게르만주의는 오스트리아가 내세웠어요. 오스트리아는 신성 로마 제국의 황제가 가장 많이 나왔던 합스

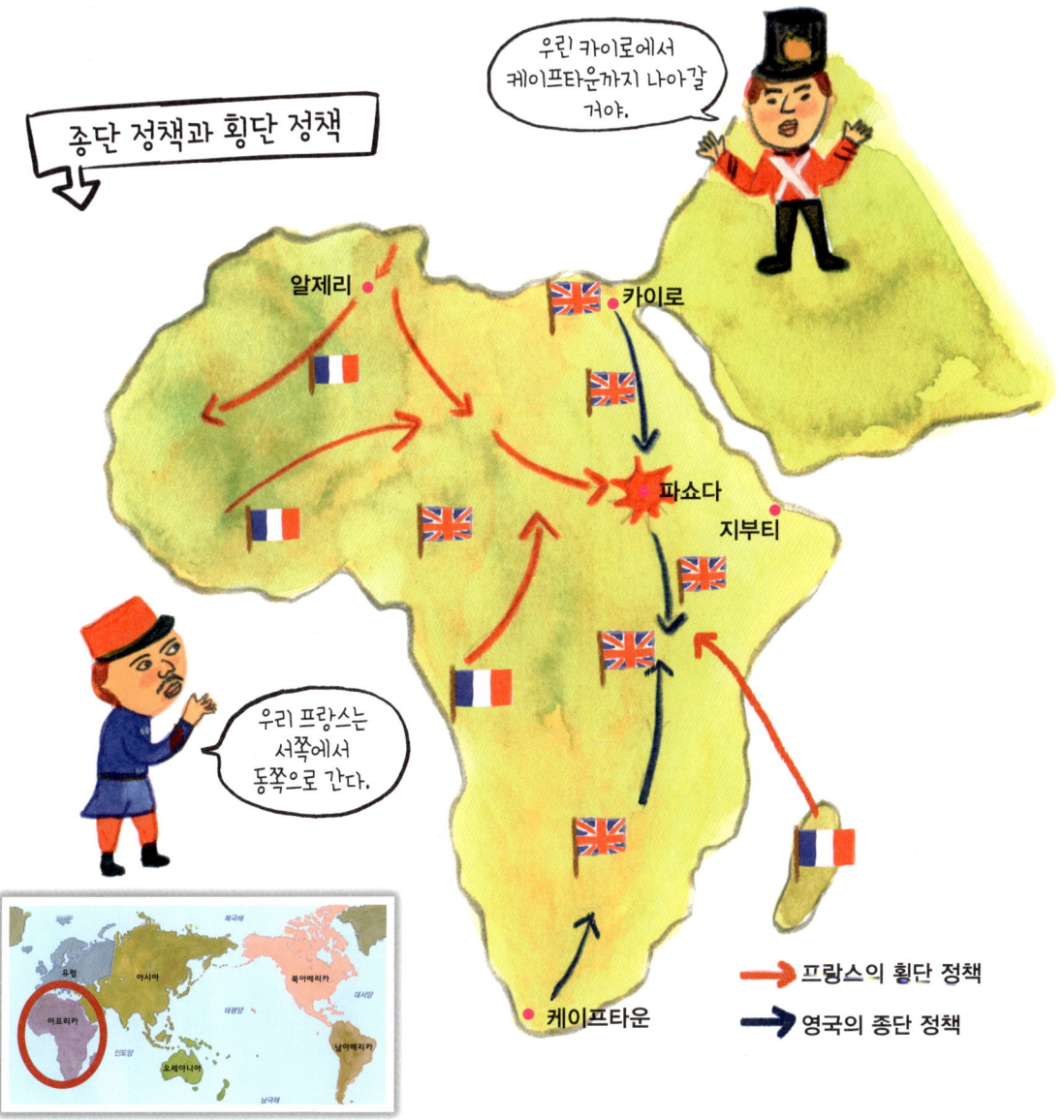

부르크 가문이 지배하던 나라였어요. 그러나 프랑스 나폴레옹의 침입으로 신성 로마 제국이 사라지고, 1866년에는 프로이센과 싸워서 패배하는 바람에 세력이 크게 줄어든 상태였지요.

프로이센과의 전쟁에서 패한 후 오스트리아의 프란츠 요제프 1세는 오랫동안 오스트리아의 지배를 받던 헝가리의 독립을 허용하고 자신이 헝가리의 왕이 되었어요. 이 나라가 오스트리아-헝가리 제국이에요. 헝가리는 외교와 국방을 빼고는 오스트리아의 간섭을 받지 않게 되었지요. 오스트리아-헝가리에서는 민족 분쟁이 심했어요. 원래 오스트리아에는 게르만 족 외에 마자르 족, 슬라브 족 등이 살았어요. 오스트리아에 사는 슬라브 족은 게르만 족에게 차별을 받았지요. 그런데 헝가리가 독립한 후 헝가리의 귀족인 마자르 족도 슬라브 족을 비롯한 다른 민족을 부당하게 대했어요. 특히 오스트리아-헝가리에 범게르만주의가 퍼지자 갈등은 더욱 심해졌어요.

오스트리아-헝가리에서만 민족 분쟁이 심했던 건 아니에요. 유럽 남동쪽에 있는 발칸 반도 전체가 민족 분쟁으로 곧 전쟁이 터질 것 같았어요.

발칸 반도에서 민족주의가 충돌했어요

발칸 반도는 영국과 프랑스 등의 서유럽 나라들이 아시아로 나아갈 수 있는 길목이었고, 흑해와 지중해를 통해 대륙 밖으로 나아가려는 러시아에게도 매우 중요한 땅이었어요. 이뿐만 아니라 발칸 반도에는 게르만 족과 슬라브 족, 라틴 족, 마자르 족 등 여러 민족이 살고 있었고, 민족에 따라 로마 가톨릭, 그리스 정교, 이슬람교 등 종교도 달랐어요. 이 때문에 싸움이 잦았지요. 이 무렵, 발칸 반도를 지배하는 나라는 오스만 제국이었어요. 오스만 제국은 유럽 강대국에게 계속 영토를 빼앗기고 있었지요. 나라 안도 개혁을 둘러싸고 혼란스러웠어요.

이 틈을 타서 1912년에 **발칸 반도에 있는 세르비아, 불가리아, 몬테네그로 등 슬라브 족이 뭉쳐서 발칸 동맹을 만들고 오스만 제국을 공격했어요. 제1차 발칸 전쟁이 일어난 거예요.** 이 전쟁은 불과 2개월 만에 발칸 동맹의 승리로 끝이 났어요. 오스만 제국은 마케도니아와 크레타 섬을 발칸 동맹에 넘겨야 했지요. 이로써 오스만 제국은 발칸 반도에서 완전히 물러났어요.

그러자 이번엔 발칸 동맹에 속한 나라들이 마케도니아를 어느 나라가 차지할 것이냐를 놓고 싸웠어요. 이때 **불가리아가 갑자기 세르비아를 공격했어요. 이 전쟁이 '제2차 발칸 전쟁'이에요. 세르비아는 루마니아, 그리스 등을 끌어들여 불가리아를 꺾었지요.** 이때부터 세르비아는 발칸 반도에서 가장 강한 나라가 되었어요. 세르비아는 슬라브 족 중심의 통일 국가를 세우고 싶어 했어요. 러시아는 세르비아 편을 들면서 발칸 반도로 진출할 수 있는 기회를 노리고 있었지요.

세르비아의 슬라브 족 통일 국가 건설에 가장 큰 걸림돌은 오스트리아-헝가리 제국이었어요. 범게르만주의를 주장하는 오스트리아-헝가리 제국은 자기 나라에 사는 슬라브 족의 독립 투쟁을 탄압했어요. 1908년에는 슬라브 족이 대부분인 보스니아와 헤르체고비나를 강제로

합쳤지요. 그러자 이에 반발한 세르비아의 범슬라브주의자들이 음모를 꾸미기 시작했어요.

1914년 6월 28일, 오스트리아-헝가리 제국의 페르디난트 황태자 부부가 보스니아의 수도 사라예보를 방문했어요. 보스니아 군대를 둘러보기 위해서였지요. 이때 한 청년이 황태자 부부를 태운 자동차가 나타나기를 기다렸다가 총을 쏘았어요. 황태자 부부는 그 자리에서 바로 사망했어요. 총을 쏜 범인은 세르비아의 범슬라브주의자였지요.

크게 분노한 오스트리아-헝가리 제국은 같은 게르만 족인 독일에 도움을 요청했어요. 독일은 오스트리아-헝가리 제국을 도와주기로 했지요. 오스트리아-헝가리 제국은 세르비아에 전쟁을 선포했어요. 세르비아는 러시아가 도와주기로 했지요. 이제 발칸 반도가 위험에 처했어요. 발칸 반도에서 어떤 일이 일어났는지 알아볼까요?

제1차 세계 대전이 일어났어요

발칸 반도에서 오스트리아-헝가리 제국과 세르비아의 전쟁이 시작되었어요. 기억하나요? 오스트리아-헝가리 제국은 독일, 이탈리아와 삼국 동맹을 맺었어요. 세르비아를 도와주기로 한 러시아는 영국, 프랑스와 삼국 협상을 맺었지요. 삼국 동맹에 따라 오스트리아-헝가리 제국을 위해서 독일과 이탈리아가 전쟁에 나서고, 삼국 협상에 따라 세르비아를 위해서 영국과 프랑스가 전쟁에 나섰어요. **오스트리아-헝가리 제국과 세르비아의 전쟁이 세계 대전으로 번진 거예요.**

러시아는 오스트리아-헝가리 제국에 선전 포고를 한 뒤에 발칸 반도 쪽으로 군대를 옮겼어요. 그러자 독일도 러시아에 선전 포고를 했지요. 러시아와 한편인 프랑스는 고민에 빠졌어요. 독일이 전쟁을 벌이면 바로 이웃 나라인 프랑스도 위기를 맞을 것이었기 때문이에요. 결국 프랑스도 독일에 선전 포고하면서 전쟁에 뛰어들었지요.

1914년 8월 3일, 독일이 벨기에를 침략했어요. 벨기에가 프랑스로 가는 길을 내어 주지 않는다는 이유였어요. 다른 유럽 나라들도 각국의 이익에 따라 전쟁에 뛰어들었지요. **오스만 제국과 불가리아는 독일과 오스트리아 편에 섰어요. 이 나라들을 '동맹국'이라고 불러요.** 물론 동맹국의 우두머리는 독일이었지요. **동맹국에 맞서 영국, 프랑스, 러시아 편에 선 나라들을 '연합국'이라고 불렀어요.** 원래 동맹국 편이었던

이탈리아는 연합국 편으로 돌아섰어요. 연합국이 나중에 북부 이탈리아 지방을 넘기고, 독일과 오스트리아의 해외 식민지까지 주기로 약속했기 때문이에요. 전쟁은 유럽에서만 일어난 것이 아니었어요. 영국은 서아시아에 함대를 보냈고, 일본은 연합국 편으로 참가하여 동아시아와 태평양에서 독일을 물리쳤어요.

전쟁을 시작할 무렵에는 동맹국이 앞서갔어요. 독일은 순식간에 벨기에를 정복하고 프랑스로 쳐들어갔지요. 독일에서는 프랑스 쪽을 서부 전선, 러시아 쪽을 동부 전선이라고 불렀어요. 독일은 서부 전선에 군대를 많이 보내 되도록 빨리 프랑스를 정복하고, 동부 전선에서 러시아와 겨루려고 했어요. 하지만 이 작전은 성공하지 못했어요. 영국이 프랑스를 도와 독일에 맞섰기 때문이에요.

서부 전선에서는 오랫동안 전투가 계속되었어요. 군인들은 예전처럼 서로 맞붙어 싸우지 않았어요. 대신 깊게 판 구덩이에 숨어 있다가 움직이는 사람이 있으면 기관총을 퍼부었어요. 군인들이 구덩이에서 잘 나오지 않으니까 싸움이 쉽게 끝나지 않았지요. 또한 새로운 무기도 많이 개발되었어요. 기관총과 대포는 더욱 강해졌고, 독가스, 탱크, 잠수함, 전투기 등이 전쟁에 이용되었지요.

독일의 육군은 강했지만 해군은 약했어요. 연합국이 바다로 전쟁 물자를 실어 나르는 것을 막지 못했지요. 이를 막기 위해 독일 해군은 잠수하는 속도가 매우 빠른 '유보트'라는 잠수함을 개발했어요. 그리고 유보트를 이용하여 대서양을 다니는 배들을 모조리 침몰시켰어요. 전투에 쓰이는 군함이든, 상품을 싣고 다니는 무역선이든 가리지 않았어요. 중립국의 무역선까지 공격해 침몰시켰지요.

1915년에 유보트가 영국의 무역선을 침몰시켰어요. 그런데 그 무역선에는 미국인이 많이 타고 있었어요. 미국은 크게 분노했어요. 독일은 더 이상 잠수함 공격을 하지 않겠다고 약속했어요. 그러나 독일은 잠수함 공격을 포기할 수 없었지요. **1917년 2월에 유보트의 공격으로 미국 사람이 또다시 목숨을 잃자 미국은 전쟁에 참전하겠다고 선언했어요. 물론 연합국 편이었지요.** 미국의 참전은 독일에게 매우 불리했어요. 미국은 이미 세계에서 손꼽히는 강대국이었기 때문이에요. 미국이 전쟁에 참여함으로써 연합국은 제1차 세계 대전에서 승리할 수 있는 기회를 잡았어요.

제1차 세계 대전이 끝났어요

1918년 1월, 미국 대통령 윌슨이 전 세계가 놀랄 만한 선언을 했어요. 바로 민족 자결주의예요. 모든 민족은 자기 민족의 미래를 스스로 자유롭게 결정할 수 있다는 내용이었지요. 민족 자결주의 이념은 전 세계의 식민지 국민들에게 독립할 수 있다는 희망을 주었어요. 아시아 여러 나라의 독립 운동가들이 민족 자결주의에 따라 독립을 선언하기도 했지요. 일본의 식민지였던 우리나라에서도 2·8 독립 선언, 3·1 독립 선언이 잇달아 터져 나왔고, 대한민국 임시 정부까지 탄생했어요. 인도, 이집트 등에서도 독립 투쟁이 거세졌지요.

1918년 3월, 연합국에 속했던 러시아가 더 이상 전쟁에 참여하지 않기로 했어요. 러시아에 혁명이 일어나 황제를 몰아내고 사회주의 정부가 들어섰기 때문이에요. 러시아의 사회주의 정부는 전쟁을 끝내려 했어요. 그래서 독일과 브레스트리토프스크 조약을 맺었지요. 이 조약에 따라 독일은 러시아와 싸우지 않기로 했어요. 그 대신 러시아는 폴란드를 비롯한 러시아 영토의 일부를 독립시켜야 했어요.

동부 전선에서 싸움을 멈추자 독일은 1918년 봄부터 서부 전선에 50만 명에 이르는 병사를 보내 연합국을 공격했어요. 미군이 서부 전선에 자리를 잡기 전에 전쟁을 끝내려고 한 거예요. 하지만 독일의 공격은 실패로 끝났어요. 1918년 6월부터 연합국은 거의 모든 지역에서 동맹국 군대를 격파했어요. 결국 1918년 9월에 불가리아가, 10월에는 오스만 제국이, 11월에는 오스트리아-헝가리 제국이 연합국에 항복을 선언했지요.

오랜 전쟁으로 고통을 겪던 독일 국민들도 전쟁을 끝내고 싶어 했어요. 독일 사람들은 빌헬름 2세를 쫓아내고 공화국을 세웠어요. 새로 들어선 공화국 정부는 11월에 연합국에게 항복을 선언했어요. 이로써 4년 동안 치러진 제1차 세계 대전이 끝났어요.

제1차 세계 대전으로 전 세계가 입은 피해는 어마어마했어요. 세계 대전 동안 약 1천만 명에 이르는 군인이 목숨을 잃었지요. 이뿐만 아니라 군인보다 더 많은 수의 민간인이 죽거나 다쳤어요.

전쟁이 끝난 뒤 세계는 세계 평화를 되찾기 위해 노력했어요. **1919년 1월, 27개국의 대표가 전쟁의 뒤처리를 위해 프랑스 베르사유 궁전에 모였어요. 이 회의를 '파리 강화 회의'라고 해요.** '강화 회의'는 전쟁을 하던 나라들이 싸움을 그만두고 화해하기 위해 여는 회의예요. 파리 강화 회의를 이끈 사람들은 영국, 프랑스, 미국, 이탈리아의 대표였어요.

파리 강화 회의

　미국의 윌슨 대통령은 평화 원칙 14개조를 제안했어요. 14개조에서는 민족 자결주의 원칙을 제시하면서 평화를 유지하기 위해서 국제기구를 창설하자고 했어요.

　연합국은 독일과 '베르사유 조약'을 맺었어요. 베르사유 조약에 따라 독일은 해외 식민지에 관한 모든 권한을 연합국의 주요 국가에 넘겨야 했으며, 1871년에 빼앗은 알자스-로렌 지역을 프랑스에 되돌려 주어야 했어요. 또한 막대한 전쟁 배상금을 내야 했어요. 다시는 전쟁을 일으키지 못하도록 병사는 10민 명으로 줄여야 했고, 전투기나 잠수함 같은 첨단 무기는 아예 갖지 못하게 되었어요.

　독일 국민은 불만이 많았어요. 독일이 전쟁을 일으킨 것은 맞지만 독일만의 책임은 아닌데 땅을 빼앗기고 막대한 배상금도 내는 게 가혹하다고 생각한 거예요. 다른 동맹국들도 모두 영토를 잃었지요. **동맹국의 식민지였던 나라들은 대부분 독립했어요. 하지만 영국, 프랑스, 미국 등 연합국의 식민지는 독립하지 못했어요.** 베르사유 조약에서 승전국인 연합국의 식민지에는 독립을 적용하지 않았기 때문이에요.

베르사유 조약 후 새로 생긴 나라

핀란드
에스토니아
라트비아
리투아니아
폴란드
체코슬로바키아
헝가리
유고슬라비아

동맹국에 속했던 오스트리아-헝가리 제국은 발칸 반도에 있던 영토를 잃었어요. 헝가리는 완전히 분리되어 나갔고, 체코슬로바키아는 독립국이 되었어요. 보스니아도 세르비아로 넘어갔어요. 세르비아는 크로아

티아를 합쳐서 유고슬라비아를 건설했지요.

한편 러시아가 지배하던 발트 해의 세 나라, 즉 라트비아, 에스토니아, 리투아니아도 독립했어요. 이 세 나라를 발트 3국이라 불러요.

제1차 세계 대전으로 독립한 나라 가운데 가장 기뻤던 나라는 아마도 폴란드일 거예요. 독일과 러시아 사이에 있는 폴란드는 늘 두 나라에 휘둘렸어요. 제1차 세계 대전이 터질 무렵에는 독일과 러시아가 폴란드를 반반씩 나눠 가지면서 지도에서 완전히 사라지기도 했지요. 그랬던 폴란드가 123년 만에 독립에 성공했어요.

오스만 제국도 많은 영토를 잃었어요. 팔레스타인, 요르단, 이라크, 레바논, 시리아가 모두 오스만 제국으로부터 떨어져 나왔지요. 그러나 이 나라들은 곧장 나라를 세우지는 못했어요. 독립할 힘을 키울 때까지 영국과 프랑스가 통치하기로 했기 때문이에요. 연합국의 식민지였던 아시아의 많은 나라도 독립하지 못했어요. 일본도 연합국에 속했기 때문에 우리나라는 독립하지 못했지요.

베르사유 조약에 따라 연합국은 세계 평화를 이루고, 국제 분쟁을 해결하는 국제기구를 만들었어요. 바로 '국제 연맹'이에요. 하지만 국제 연맹을 만들자고 제안한 미국이 의회의 반대로 참여하지 못했어요. 또한 국제 연맹의 일정을 따르지 않거나 전쟁을 일으킨 나라를 막을 수 있는 수단이 없었지요. 국제 연맹은 있으나 마나 한 국제기구가 되어 버렸어요. 그러니 훗날 제2차 세계 대전도 막지 못했던 거겠지요?

지도 위 세계사
유럽에서 만나는 제1차 세계 대전

제1차 세계 대전은 유럽 전체가 전쟁터였어요. 프랑스와 벨기에의 서부 전선처럼 싸움이 특히 치열했던 곳도 있지요. 제1차 세계 대전의 주요 장소를 찾아가 보아요.

마른 강

프랑스 파리의 동쪽과 남동쪽에 걸쳐 있는 센 강의 지류예요. 강 유역에서 치열한 1, 2차 전투가 있었어요. 1차 전투에서는 프랑스군이 독일군을 막았지만 이 전투 후 서부 전선에서는 오랫동안 지루한 싸움이 계속되었어요. 독일군이 패배한 2차 전투는 독일의 항복을 가져오게 했지요.

1차 마른 전투 추모비

포탄 구덩이가 남아 있는 격전지

폴란드

브레스트

베르됭

프랑스 파리의 동쪽 로렌 지역의 도시예요. 1916년에 제1차 세계 대전 중 가장 치열했던 전투가 있었지요. 8개월간 계속된 싸움에서 수십만 명이 희생되었어요. 베르됭 기념관과 국립묘지에서 처참했던 전쟁의 흔적을 볼 수 있어요.

브레스트리토프스크 조약문

브레스트

폴란드와 접해 있는 나라인 벨라루스 서부에 있는 도시예요. 당시는 폴란드 땅으로 러시아와 폴란드를 잇는 교통의 요지였어요. 예로부터 요새로서 알려졌지요. 러시아가 제1차 세계 대전에서 공식적으로 빠지게 된 브레스트리토프스크 조약이 맺어진 곳이에요.

사라예보

유럽 동남부 발칸 반도에 있는 보스니아헤르체고비나의 수도예요. 제1차 세계 대전 당시에는 오스트리아-헝가리 제국의 영토였어요. 전쟁의 계기가 된 오스트리아의 황태자 부부 암살 사건이 이곳의 라틴 다리에서 일어났어요.

사건 장소에 놓인 명판

• 사라예보
보스니아 헤르체고비나

라틴 다리

1859년
다윈, 〈종의 기원〉 발표

1863년
링컨, 노예 해방 선언

1859년
다윈, 〈종의 기원〉 발표

1861년
미국, 남북 전쟁 시작

1863년
링컨, 노예 해방 선언

3장
남북 전쟁과 과학 기술의 발전

19세기 후반부터 세계는 제국주의 시대로 접어들었어요.
그 결과 제1차 세계 대전이 일어났지요.
20세기 전후에는 제1차 세계 대전 말고도 수많은 사건이 일어났어요.
미국은 남북 전쟁을 치렀고, 과학자들은 수많은 발명품을 쏟아냈어요.
또한 탐험가들은 도전 의식을 가지고 지구 곳곳을 탐험했지요.
3장에는 먼저 미국의 남북 전쟁부터 살펴볼 거예요.
자, 시작해 볼까요?

1877년
에디슨, 축음기 발명

1903년
라이트 형제, 비행기 발명

1911년
아문센, 남극점 정복

미국에서 노예 제도를 둘러싸고 갈등이 있었어요

미국은 독립 전쟁을 치른 뒤, 영국의 식민지였던 13개의 자치주가 연합하여 만들어진 나라예요. 영국으로부터 독립한 미국은 계속해서 서부로 영토를 넓혔어요. 1803년에 루이지애나를 프랑스로부터 사들였고, 1819년에는 플로리다를 차지했어요. 1845년에 텍사스를, 1848년에는 멕시코와 싸워 캘리포니아와 뉴멕시코를 차지했지요. **이로 인해 1840년대에 미국은 대서양에서 태평양에 이르는 넓디넓은 국가가 되었어요.**

미국은 인구도 크게 늘었어요. 특히 아일랜드 사람들이 미국으로 많이 건너왔지요. 아일랜드는 오랫동안 영국의 괴롭힘을 받은 나라예요. 그런데 1840년대에 엄청난 흉년이 들자 아일랜드 사람들이 미국으로 건너왔어요. 이때 100만 명이 넘는 사람이 왔지요. 그 뒤를 이어 독일과 영국 사람들도 많이 건너왔어요.

미국은 영토가 넓어지고 인구가 늘어나자, 빠르고 편리한 교통수단이 필요해졌어요. 1820년대에는 운하가, 1840년대 이후에는 철도가 발전했어요. 1860년대에는 미국의 동서를 연결하는 대륙 횡단 철도가 완성되었지요. 교통이 발전하면서 미국의 경제도 빠른 속도로 발전했어요.

미국 북부에는 대규모 공업 단지가 속속 들어서면서 자본주의가 발전했어요. 하지만 미국 남부에는 면화와 사탕수수 등을 재배하는 대농장이 여전히 많았어요. 그러다 보니 여러 가지 부분에서 미국 북부와 남부 사람들의 상황이 달랐어요. 미국 남부는 면화 등을 영국에 수출하고, 생활에 필요한 물건을 들여왔어요. 그렇기 때문에 무역을 할 때 세금이 붙지 않는 자유 무역을 더 원했지요. 이에 비해 북부는 풍부한 철과 석탄을 바탕으로 상공업이 발달했어요. 미국의 상품이 영국의 상품과 경쟁해야 했기 때문에 다른 나라의 상품을 수입할 때 세금을 붙이는 보호 무역이 더 알맞았지요.

노예 제도도 마찬가지였어요. 미국은 연방 국가이기 때문에 주마다 법률이 달랐어요. 19세기 초반에 노예 제도가 없어진 주도 있었지만 19세기 후반까지 노예 제도가 남아 있는 주도 있었어요. 대체로 미국 남부의 주에

노예 제도가 남아 있었지요. **면화 등을 재배하는 대농장에 노예가 많이 필요했기 때문이에요. 이에 비해 공장이 많은 북부에서는 노예가 필요 없었어요.** 노예 대신 공장에서 일할 자유롭고 임금이 싼 노동자가 더 많이 필요했지요.

미국은 노예 제도를 둘러싸고 남부와 북부가 계속 맞섰어요. 사실 미국은 자유와 평등을 기반으로 세워진 나라예요. 영국으로부터 독립할 때도 '모든 사람은 평등하게 창조되었다'라고 선언했지요. 그렇게 세워진 미국에서 피부색이 다르다고 흑인을 노예로 삼은 거예요.

미국에서 남북 전쟁이 일어났어요

1860년에 에이브러햄 링컨이 미국의 제16대 대통령으로 당선되었어요. 영국에서 건너온 가난한 이민자의 아들인 링컨은 너무 가난해서 학교 교육도 제대로 받지 못했어요. 하지만 서점의 점원으로 일하면서 열심히 공부하여 변호사에 합격한 뒤 정치가가 되었지요. 링컨은 노예 제도를 반대해 왔어요.

노예 제도를 지지하는 남부의 주들은 대통령에 당선된 링컨이 노예 제도를 없앨까 봐 걱정했어요. 그래서 미국 남부에 있는 사우스캐롤라이나 주가 미국 연방을 탈퇴한다고 선언했어요. 곧이어 남부의 6개 주도 미국 연방을 탈퇴하겠다고 선언했지요. **1861년 2월에 미국 연방에서 떨어져 나간 7개 주는 따로 '남부 연합'을 만들었어요.**

1861년 3월에 대통령에 취임하면서 링컨은 독립을 선언한 남부 7개

주를 향해 빨리 미국 연방으로 돌아오라고 요구했어요. 하지만 남부 연합은 링컨의 말을 무시했어요. 그들은 제퍼슨 데이비스를 대통령으로 뽑고, 남부에 있는 미국 연방 재산을 몰수했어요. 그러고는 미국 연방 군대가 있는 사우스캐롤라이나 주의 섬터 요새를 공격했지요. 그러자 링컨도 남부 연합과의 전쟁을 선포했어요. 이렇게 해서 남북 전쟁이 시작되었어요. 미국이 세워진 지 약 70년이 지났을 때였지요. 미국이 두 나라로 쪼개질 위험에 처한 거예요. 전쟁이 시작되자 남부에 있던 4개 주가 미국 연방에서 더 떨어져 나가 남부 연합으로 들어갔어요. 이로써 북부는 23개 주, 남부는 11개 주가 되었지요.

1861년 7월, 북군은 남부 연합의 수도인 리치먼드를 공격하기 위해 남쪽으로 향했어요. 리치먼드는 버지니아 주에 있어요. 북군이 버지니아 주 북동쪽에 있는 불런 강 부근에 이르렀을 때 남군을 만나 전투를 벌였어요. 불런 전투에서 북군은 남군에게 크게 패배했지요. 그 뒤에도 남군이 이기는 경우가 많았어요. 남북 전쟁의 분위기를 바꾼 것은 링컨 대통령이었어요.

1863년 1월에 링컨이 '노예 해방 선언'을 발표했어요.

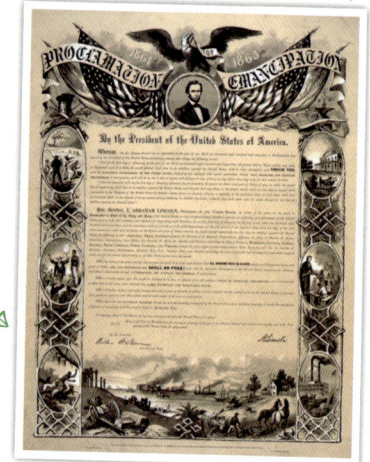

"노예 제도야말로 세상에서 가장 야만

적인 제도입니다. 미국 전 지역에서 노예를 해방합니다."

링컨의 노예 해방 선언은 남부에 큰 타격을 주었어요. 남부에 있는 노예들이 북부로 도망쳤고, 수많은 흑인이 북군에 들어와 남군과 싸웠어요. 또한 영국과 프랑스가 남군을 도와줄 수 없게 되었어요. 사실 영국과 프랑스는 남부에서 많은 면화를 수입하고 있었기 때문에 남부를 도우려고 했어요. 하지만 남군을 도와주면 세계에서 가장 야만적인 제도인 노예 제도를 두둔한다는 비난을 받을 수 있었지요.

1863년 7월, 북군과 남군은 펜실베이니아 주 게티즈버그에서 맞붙었어요. 이 전투를 '게티즈버그 전투'라고 해요. 게티즈버그 전투에서 북군과 남군은 게티즈버그를 차지하려고 3일 동안 치열하게 싸웠어요. 남북 전쟁 가운데 가장 많은 병사가 목숨을 잃었을 정도로 치열한 싸움 끝에 북군이 승리했어요. 남군은 더 이상 북부로 나아가지 못했지요.

북부는 게티즈버그 전투가 일어난 곳에 국립묘지를 만들기로 했어요. 링컨은 게티즈버그 국립묘지를 건설하는 기념식에서 죽은 병사들을 위해 다음과 같은 연설을 했어요.

지금으로부터 87년 전, 우리의 선조들은 자유라는 이념 아래 모든 사람은 평등하다는 믿음으로 새 나라를 세웠습니다. 지금 우리는 전쟁으로 인해 자유와 평등을 바탕으로 세운 이 나라가 살아남을 수 있느냐 없느냐의 갈림길에 서 있습니다. 우리는 그 땅의 일부를, 나라를 살리기 위하여 이곳에서 생명을 바친 이들의 마지막 안식처로 만들기 위해 모였습니다. 이 일은 우리가 반드시 해야 마땅한 일입니다. (중략)

우리에게 남은 일은 명예롭게 죽은 사람들의 뜻을 받들어, 그 위대한 뜻을 지키는 것입니다. 그것은 그들의 죽음이 헛되지 않도록 하

고, 신의 보살핌 아래 이 나라가 새로 탄생하리라는 것, 그리고 국민의, 국민에 의한, 국민을 위한 정부가 이 세상에서 결코 사라지지 않게 하리라는 것을 다짐합니다.

링컨이 게티즈버그에서 한 연설은 지금까지도 세계에서 가장 유명한 연설로 손꼽히고 있어요.

게티즈버그 전투 이후에는 북군이 승리하는 전투가 많아지기 시작했어요. **1865년 4월, 북군이 남부 연합의 수도인 리치먼드를 점령했어요.** 곧이어 남군의 사령관인 리 장군이 항복했지요. 그해 5월에는 남부 연합의 대통령인 제퍼슨 데이비스가 북군에게 잡혔어요. 이렇게 해서 **5년 동안 계속됐던 미국의 남북 전쟁은 북부의 승리로 끝이 났지요.**

미국 연방이 두 개의 나라로 쪼개지지 않은 것은 링컨 덕분이었어요. 하지만 링컨은 남부 지지자인 존 윌크스 부스의 총에 맞아 목숨을 잃었지요. 남북 전쟁이 끝나기 한 달 전의 일이었어요. 링컨은 세상을 떠났지만 미국은 다시 하나가 되었어요. 노예 제도도 미국에서 사라졌지요.

남북 전쟁을 거치면서 미국은 빠르게 발전했어요. 특히 중공업이 발달했지요. 공장에서 만든 상품을 실어 나르기 위해서 전 국토에 철도도 놓았어요. 1869년에는 캘리포니아 주의 새크라멘토와 네브래스카 주의 오마하를 잇는, 약 2800킬로미터(km)에 이르는 대륙 횡단 철도가 개통되었어요. 19세기 말에 미국은 세계 최대의 공업국으로 발전했어요. 남북 전쟁에서 남부가 승리했다면 오늘날 미국은 지금과 다른 농업 중심 국가가 되었을지도 모르지요.

과학과 기술이 눈부시게 발전했어요

19세기 후반부터 과학과 기술이 눈부시게 발전했어요. 찰스 다윈, 알프레드 노벨, 알렉산더 그레이엄 벨, 토머스 에디슨, 뤼미에르 형제, 라이트 형제, 앨버트 아인슈타인 등이 이때 활약했지요.

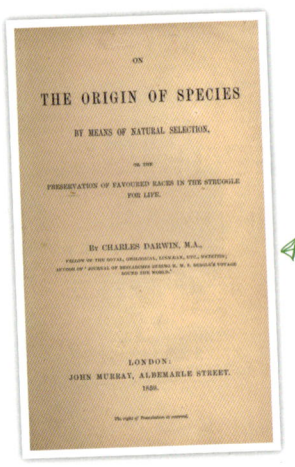

다윈은 영국의 생물학자예요. 1859년에 〈종의 기원〉이란 책을 펴냈는데, 이 책에는 세상을 떠들썩하게 한 놀라운 주장이 담겨 있었어요. 바로 '진화론'이에요. 다윈은 이 책에서 생물의 진화를 '자연 선택설'을 통해 설명했어요. 자연 선택설은 생물의 자손 수가 많아지면 경쟁이 일어나는데, 환경에 가장 잘 적응한 개체가 살아남아 자신과 닮은 자손을 낳을 수 있고, 이 과정이 반복되면서 새로운 종으로 진화한다는 이론이에요. 예를 들어, 기린이 목이 긴 이유를 자연 선택설에서는 다음과 같이 설명해요.

'아주 오랜 옛날에는 목이 긴 기린과 목이 짧은 기린이 있었는데, 목이 긴 기린은 먹이를 더 쉽게 구할 수 있어 살아남을 수 있었고, 더 많은 자손을 남길 수 있었다. 그래서 오랜 시간이 흐른 후에는 목이 긴 기린만 남게 되었다.'

다윈의 진화론은 세상의 모든 만물은 신이 창조했다고 믿는 당시 사람들에게 큰 충격을 주었어요. 다윈은 〈종의 기원〉에서 인간의 진화에 대해서는 다루지 않았어요. 하지만 1871년에 펴낸 〈인간의 유래와 성 선택〉에서 '인간은 유인원과 공통된 조상에서 유래했다'는 내용을 밝혔지요. 진화론을 반대하는 사람들은 다윈이 신을 모독했다며 비난했어요.

노벨은 스웨덴의 과학자이자 발명가예요. 1866년에 다이너마이트를 발명했지요. 노벨이 발명한 다이너마이트는 그전에 있던 어떤 폭약보다 강했어요. 다이너마이트는 불티나게 팔렸고, 노벨은 엄청난 부자가 되었어요. 하지만 노벨은 행복하지 않았어요. 다이너마이트가 무기로 만들어지면서 수많은 사람을 죽이는 데 사용되었기 때문이에요.

노벨은 세상을 떠날 때, 스웨덴 왕립 과학 아카데미에 3100만 크로네를 내놓았어요. 이 돈은 오늘날의 가치로 계산하면 수십조 원이에요. 노벨은 이 돈을 인류를 위해 좋은 일을 한 사람들에게 써 달라고 유언했어요. 노벨의 유언에 따라 만들어진 상이 '노벨상'이에요. 노벨상은 1901년부터 물리, 화학, 생리학 및 의학, 평화, 문학 등 다섯 분야에서 뛰어난 공헌을 한 사람을 정하여 상과 상금을 주었어요. 1969년부터는 경제 분야까지 더해져 모두 여섯 분야의 수상자에게 상과 상금을 준답니다.

1876년에 미국 정부는 벨에게 유선 전화기 특허권을 주었어요.
그런데 벨이 가장 먼저 유선 전화를 만든 것은 아니었어요. 당시에 수많은 과학자가 전화기 발명에 뛰어들었는데, 벨이 가장 먼저 특허를 얻은 것이지요. 미국의 발명가 엘리샤 그레이는 벨보다 2시간이 늦게 특허청에 도착하여 특허를 얻지 못했어요.

그런데 실제로 유선 전화를 가장 먼저 발명한 사람은 벨도 그레이도 아니에요. 안토니오 무치라는 이탈리아 발명가예요. 무치는 너무 가난하여 특허를 낼 때 필요한 돈을 마련할 수 없었어요. 2002년에 미국 의회에서는 무치가 가장 먼저 유선 전화를 발명했다고 인정했지요. 벨이 유선 전화의 특허를 받은 뒤로 유선 전화는 계속 발전해 1880년대 무렵엔 유럽의 거의 모든 나라에 전화국이 생겨났어요.

벨이 유선 전화의 특허를 받았을 때 아쉬워한 발명가가 또 있었어요. 바로 에디슨이에요. 에디슨도 유선 전화를 발명하려고 애쓰고 있었는데, 벨이 먼저 특허를 받았지요. 유선 전화를 발명하지는 못했지만 에디슨은 세상을 바꾼 놀라운 발명품을 많이 만들어 냈어요.

1877년에 에디슨은 축음기를 발명했어요. 축음기는 원반이나 원통에 홈을 파서 그 안에 소리를 집어넣고,

바늘로 원반이나 원통에 있는 홈을 따라가면 소리가 흘러나오도록 만든 기계예요.

1879년에는 백열전구를 발명했어요. 사실 전기 에너지를 이용한 전구는 19세기 초반에 발명되었어요. 하지만 전구를 자주 바꿔 주어야 했으며 너무 눈부시고 밝아 집 안에서 쓸 수 없었어요. 에디슨이 발명한 전구는 이전에 발명된 전구보다 훨씬 오래 쓸 수 있었고, 빛도 부드러워 집 안에서 쓸 수 있었지요.

에디슨은 1891년에 윌리엄 딕슨과 함께 영화 감상 기구인 키네토스코프를 만들었어요. 키네토스코프는 틈이 난 구멍으로 들여다보면 한 줄의 필름이 렌즈와 전구 사이에서 매우 빠르게 지나가게 되어 있어요.

3년 후인 **1894년, 프랑스 발명가인 뤼미에르 형제가 에디슨이 발명한 키네토스코프를 발전시켜 시네마토그래프를 만들었어요.** 시네마토그래프는 사진기와 영사기를 하나로 만든 기계였고, 한 번에 많은 사람이 시청할 수 있었지요.

이듬해인 1895년에 뤼미에르 형제는 프랑스 파리에서 시네마토그래프로 찍은 영화를 상영했어요. 〈리옹의 뤼미에르 공장 출구〉, 〈바다〉, 〈열차 도착〉, 〈카드놀이〉 등 10편이었어요. 상영 시간은 각각 1분 정도였으며 소리는 나지 않았지요. 영화의 내용도 이야기가 없이 공장 문을 나서는 모습, 아이에게 밥을 먹이는 모습, 기차가 들어오는 모습 등 파리 사람들의 일상생활을 찍은 것이었어요. 뤼미에르 형제 덕분에 우리가 영화를 구경할 수 있게 되었어요. 그래서 뤼미에르 형제를 '영화의 아버지'라고 해요.

19세기 후반에는 현대 사회에서 사람들의 생활에 빼놓을 수 없는 자동차가 발명되었어요. 1886년에 독일의 발명가인 벤츠가 가솔린을 연료로 사용하는 세 바퀴 자동차를 만들어 특허를 얻었어요. 이보다 1년 전에는 독일의 기술자인 다임러가 가솔린을 연료로 하는 두 바퀴 자동차를 만들었지요. 1926년에 벤츠와 다임러는 회사를 하나로 합쳤어요. 두 사람이 만든 다임러 벤츠사는 오늘날까지 세계에서 가장 유명한 자동차 회사로 손꼽히고 있어요. 벤츠가 자동차를 세상에 내놓은 이후에 수많은 사람이 자동차를 발전시켰어요.

과학과 기술의 눈부신 발전은 20세기에도 이어졌어요. 1903년에 처음으로 가솔린 엔진을 단 비행기가 하늘을 날았어요. **미국의 라이트 형제가 만든 플라이어호가 12초 동안 약 36미터(m)를 비행하는 데 성공했지요.**

라이트 형제가 탄 비행기는 날개의 길이가 12미터(m), 비행기의 무게가 283킬로그램(kg)이었어요. 이렇게 무거운 물체가 하늘을 난 것은 처음이었어요. 라이트 형제가 동력 비행기를 발명하기 전에도 하늘을 난 사람들은 있었어요. 하지만 그들은 글라이더를 타고 하늘을 날았지요. 글라이더는 엔진 없이 바람을 타고 하늘을 나는 기구였어요. 첫 번째 비행에 성공한 라이트 형제는 더 오랜 시간 하늘에 머물 수 있고, 더 멀리 날아갈 수 있는 비행기를 만들기 위해 계속 연구했어요. 그 결과 2년 뒤에는 약 40킬로미터(km)를 38분 동안 날 수 있었지요.

라이트 형제가 동력 비행기를 발명한 뒤에 비행기와 비행 기술이 크게 발전했어요. **1927년에는 미국의 찰스 린드버그가 미국 뉴욕에서 프랑스 파리까지 비행했지요.** 린드버그는 5815킬로미터(km)에 이르는 먼 거리를 33시간 30분 만에 도착했어요. 25년 사이에 놀라운 비행 기술의 발전이 이뤄진 거예요.

20세기에는 물리학도 눈부시게 발전했어요. **물리학의 발전에 가장 큰 공헌을 한 과학자는 아인슈타인이에요.** 1905년에 아인슈타인은 스위스 베른에서 〈움직이는 물체의 전기 역학에 관해〉라는 논문을 발표했어요. 이 논문에서 **아인슈타인은 시간과 공간은 상대적이며, 절대적인 시간과 공간은 없다는 이론을 주장했어요. 이 이론이 유명한 특수 상대성 이론이지요.** 그전까지 물리학에서는 시간과 공간은 절대로 바뀌지 않는다고 여겨 왔어요. 아인슈타인이 기존 물리학의 기초를 뒤흔든 거예요.

아인슈타인은 특수 상대성 이론을 통해 물질과 에너지의 관계도 새롭게 밝혀냈어요. 그것을 이용해 만든 것이 원자 폭탄이에요.

특수 상대성 이론을 발표한 지 11년 만에 아인슈타인은 일반 상대성 이론을 발표했어요. 이 이론에 따라 우주에 블랙홀이 있다는 사실을 이론적으로 증명해 냈지요. 20세기로 접어들면서 아인슈타인이 현대 물리학의 체계를 세운 거예요.

탐험가들이 남극과 북극을 탐험했어요

15세기 이후에 수많은 탐험가가 나타났어요. 탐험가들은 새로운 바닷길을 개척하고, 아프리카 대륙과 오스트레일리아를 탐험했지요. 20세기 들어서도 호기심과 도전 의식을 가진 탐험가들의 발걸음은 멈추지 않았어요. 탐험가들은 살을 에는 추위 때문에 사람이 살 수 없는 남극점과 북극점에 먼저 도착하기 위해서 경쟁했어요.

1909년 4월에 미국의 탐험가 로버트 피어리가 북극점을 밟았어요. 피어리는 세 번의 도전 끝에 북극점을 밟을 수 있었어요. 첫

번째 탐험은 1898년이었어요. 하지만 좀처럼 앞으로 나아가지 못했지요. 이때 동상에 걸려 발가락을 여덟 개나 잘라야 했어요.

1905년에 피어리는 두 번째 북극 탐험에 나섰어요. 이번에는 북극 지방에 살고 있는 이누이트의 도움을 받았어요. 이누이트가 입는 털가죽 옷을 입고, 개 썰매를 이용했지요. 하지만 또 실패하고 말았어요. 날씨가 좋지 않고 식량과 연료가 떨어져서 북극점을 300킬로미터(km)를 남겨 두고 되돌아와야 했지요.

1908년 7월, 피어리는 세 번째 북극 탐험에 나섰어요. 피어리는 대원들을 여섯 팀으로 나누었어요. 한 팀이 먼저 길을 개척하고 첫 번째 캠프를 세우면 다른 팀이 그 길을 따라 첫 번째 캠프까지 왔어요. 그다음에는 다른 팀이 두 번째 캠프를 세우고, 나머지 팀들이 그 길을 따라 두 번째 캠프까지 왔지요. 이런 식으로 앞으로 나가면서 대원들이 힘을 아낄 수 있었어요. 피어리는 해를 넘겨 1909년 4월에 북극점을 밟을 수 있었어요. 그런데 피어리가 도착한 곳이 북극점이 아니라는 주장이 나와 최근까지 논란이 되고 있답니다.

2년 후인 1911년 12월에는 노르웨이의 탐험가 로알 아문센이 남극점을 밟았어요. 영국의 탐험가 로버트 스콧도 아문센과 비슷한 시기에 남극을 향해 출발했어요. 두 사람은

남극점을 먼저 밟기 위한 경쟁을 벌였어요. 이 경쟁에서 아문센이 스콧보다 한 달 먼저 남극점을 밟았지요. 스콧은 매우 속상했겠지요? 게다가 안타깝게도 스콧은 남극에서 살아 돌아오지 못했어요. 남극점을 밟고 돌아오다가 길을 잃고 대원들과 함께 목숨을 잃고 말았지요.

아문센도 1928년에 북극 탐험대가 행방불명되었다는 소식을 듣고 구출하기 위해 나섰다가 목숨을 잃었어요.

어때요, 대단하지요? 위대한 탐험가들은 목숨을 잃을 정도로 큰 어려움이 닥쳐도 도전을 멈추지 않았어요. 지금도 인간의 발자취가 닿지 않는 곳을 향한 탐험가들의 도전은 계속되고 있어요.

지도 위 세계사

미국에서 만나는 남북 전쟁

남북 전쟁은 노예 제도를 지지하던 남부와 반대한 북부가 벌인 내전이었어요.
이 전쟁에서 남군이 져서 노예 제도가 폐지되었지요.
남북 전쟁과 관련이 있는 곳을 둘러보아요.

국립 군사 공원의 포인트 파크

채터누가

테네시 주에 있으며 남북 전쟁 때 전략상 중요한 곳이었어요. 채터누가는 인디언 말로 인근에 있는 룩아웃 산을 가리키는 '솟아오른 바위'라는 뜻이에요. 1890년에 조지아 주의 치카마우가와 함께 미국 최초의 국립 군사 공원으로 지정되었어요.

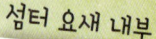
섬터 요새 내부

찰스턴 항

사우스캐롤라이나 주 찰스턴에 있는 항구예요. 남북 전쟁 최초의 전투가 이곳에 있는 섬터 요새에서 벌어졌지요. 36시간 동안 계속된 포격전 끝에, 남부군이 요새를 빼앗아 4년간 요새를 차지했어요.

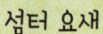
섬터 요새

게티즈버그 전쟁터

링컨 연설 현장

게티즈버그

펜실베이니아 주에 있어요. 이곳 국립묘지에서 링컨 대통령이 유명한 게티즈버그 연설을 했어요. 시내에 있는 군사 사적은 1895년에 국립 군사 공원으로 지정되었어요.

제퍼슨 데이비스 동상

남북 전쟁 센터

리치먼드

버지니아 주에 있으며 남북 전쟁 당시 남부 연합의 수도였어요. 남부 연합의 대통령 제퍼슨 데이비스가 머문 남부 백악관이 있었지요. 남북 전쟁 당시 전쟁터를 기억하기 위해 국립 전적지 공원이 조성되어 있어요.

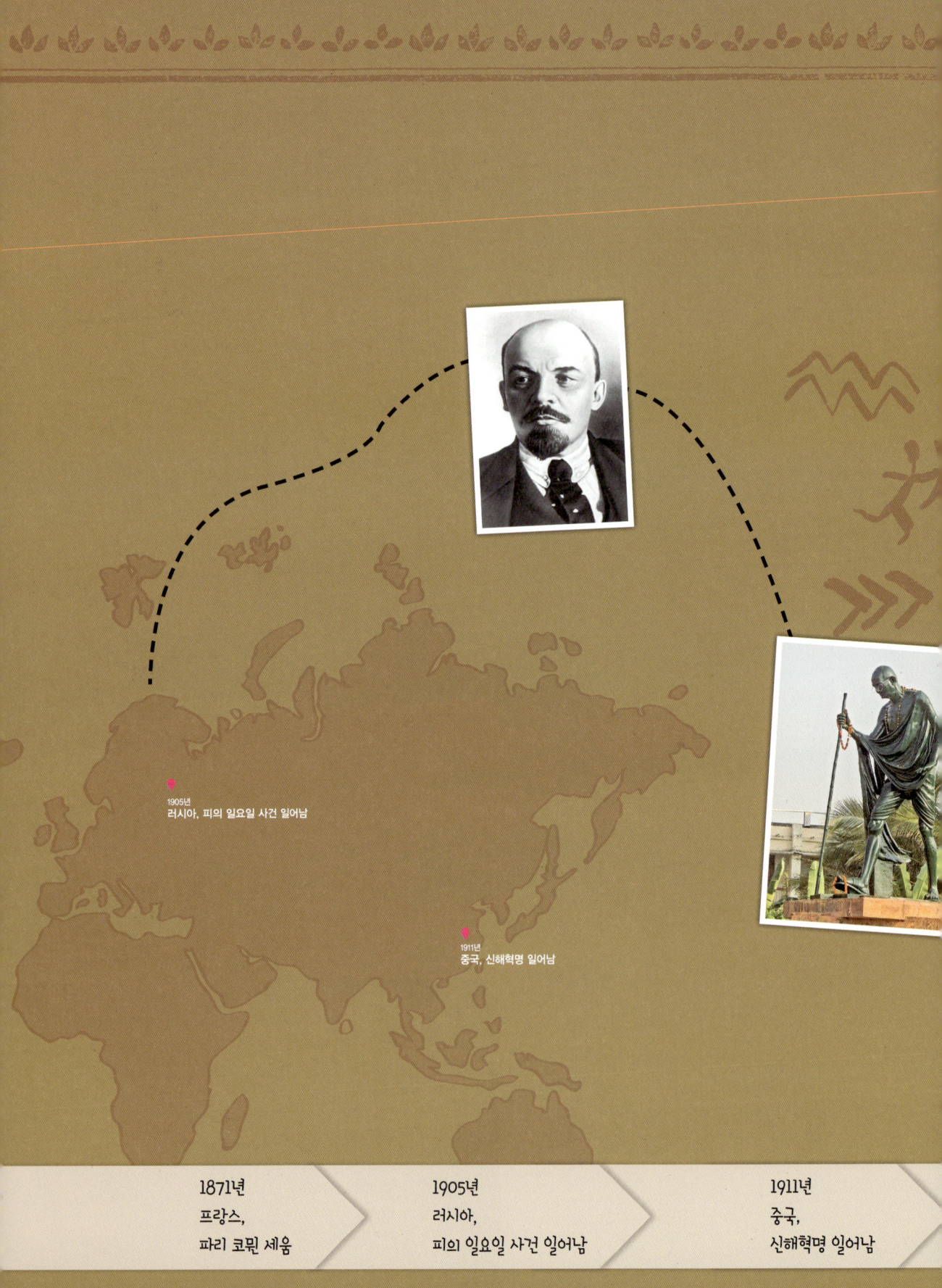

러시아 혁명과 아시아의 민족 운동

산업 혁명 이후에 자본주의는 놀라운 속도로 발전했어요.
그만큼 자본주의의 문제점도 드러났지요.
자본주의에 반대하는 사회주의자들도 늘어났어요.
그 결과 러시아에서는 레닌이 소비에트 사회주의 공화국 연방을 세웠어요.
중국에서도 신해혁명이 일어나고 마오쩌둥이 중국 공산당을 만들었어요.
이번 장에서는 러시아 혁명과 중국, 인도 등 아시아의 역사도 살펴보아요.

1917년
러시아,
러시아 혁명 일어남

1922년
소비에트
사회주의 공화국 연방 결성

1923년
무스타파 케말,
터키 공화국 세움

자본주의가 빠른 속도로 발전했어요

19세기 중반 이후, 유럽과 미국 등 상공업이 발달한 나라에서는 자본주의가 빠르게 발전했어요. **자본주의는 땅이나 공장, 자본 등을 소유한 자본가가 이윤을 얻으려고 하는 생산 활동을 보장해 주는 경제 체제를 가리켜요.** 대부분의 자본가들은 적은 노력으로 큰 이윤을 얻으려고 노력하지요.

자본주의가 발달하면서 자본주의가 얼마나 발달했는지 보여주는 만국 박람회가 열렸어요. 만국 박람회는 세계 여러 나라가 참가하여 각국의 생산품을 전시하는 국제적인 행사예요. 지금은 '엑스포'라고 하지요. 우리나라는 1993년에 대전에서, 2012년에는 여수에서 엑스포를 열었어요.

만국 박람회는 1851년에 영국 런던에서 처음 열렸어요. 영국에서는 만국 박람회를 열기 위해 수정궁을 지었지요. 수정궁은 나무나 벽돌을 쓰지 않고 철골과 유리만을 사용하여 6개월 동안 만들었어요. 세계에서 처음으로 철골과

유리로 지어진 건물이지요. 당시 사람들은 햇빛을 받아 반짝이는 수정궁을 보고 깜짝 놀랐어요. 영국은 수정궁을 통해 영국의 기술 발달 수준을 전 세계에 자랑했어요. 만국 박람회의 전시장에는 각국에서 만든 새로운 상품이 전시되었어요. 특히 자본주의가 가장 발전한 영국 전시관에는 새로운 기계와 장치, 설비들이 가득했지요.

만국 박람회가 '자본주의의 꽃'이라면 '자본주의의 덫'이라 할 문제점도 나타났어요. 공황이 발생한 거예요. 공황은 공장에서 만든 상품이 팔리지 않아 공장이 문을 닫고 노동자가 일자리를 잃는 현상을 말해요. 공황은 시장에 나온 상품이 팔리지 않고 창고에 쌓이면서 시작되는 경우가 많아요. 공황이 발생하면 국가 경제가 어려워져요.

공황은 산업 혁명이 일어난 뒤부터 나타났어요. 그때도 자본주의가 어느 정도 발전해 있었기 때문이에요. 하지만 세계 경제가 거미줄처럼 연결되어 있지는 않았어요. 어떤 나라에 공황이 일어나도 다른 나라 경제에 크게 영향을 주지 않았지요. 그런데 19세기 중반 이후부터 세계 경제가 아주 가까워졌어요. 그 후 어떤 한 나라에서 공황이 발생해 경제가 휘청거리면 곧이어 다른 나라에도 그 영향이 전해졌어요. 20세기로 들어선 뒤에 공황은 더 자주 발생했어요. 충격도 더 커졌지요. 1920년대 후반에 미국에서 시작한 대공황은 전 세계 경제를 완전히 혼란에 빠뜨렸어요. 대공황이 원인이 되어 제2차 세계 대전까지 일어났어요.

자본주의의 문제가 드러나자 사회주의자들이 나서기 시작했어요.

사회주의는 자본주의 사회의 문제점을 해결하려고 나타난 사상이에요. 사회주의자들은 힘든 노동에 시달리는 노동자들을 위한 사회를 만들기 위해 노력했지요.

19세기 후반에 유럽의 사회주의자들은 제국주의와 자본주의를 반대하며 세력을 키웠어요. 1864년에는 유럽 여러 나라의 노동자 대표가 영국에 모여 제1차 국제 노동자 협회를 결성했지요. 이곳에 모인 사회주의자들은 전 세계의 노동자가 단결해야 한다고 주장했어요.

1871년에는 프랑스에서 노동자와 시민들이 사회주의 정부를 세웠

어요. 당시 프랑스에는 나폴레옹의 조카인 나폴레옹 3세가 권력을 잡고 있었어요. 나폴레옹 3세는 1870년에 프로이센과 전쟁을 벌이다 프로이센에 크게 패했어요. 프랑스 의회는 나폴레옹 3세를 황제 자리에서 끌어내리고 임시 정부를 세웠지요. 그런데 임시 정부는 프로이센과 굴욕적인 강화 조약을 맺으려고 했어요. 파리 시민들은 이를 거부하면서 혁명적 자치 정부인 '파리 코뮌'을 세웠어요. 파리 코뮌에서는 10시간 노동, 야간 노동 금지 같은 여러 가지 개혁을 실시했어요. 하지만 파리 코뮌의 힘은 약했어요. 프랑스 정부군은 군대를 파견해 파리를 잔인하게 짓밟았지요. 결국 72일 만에 파리 코뮌은 사라졌어요.

20세기 초반에 러시아에서는 사회주의 혁명이 일어났어요. 러시아의 사회주의 혁명에 대해서 자세히 알아보아요.

러시아에 사회주의 사상이 널리 퍼졌어요

19세기 초까지 러시아는 다른 유럽 강대국에 비해 뒤떨어져 있었어요. 황제가 독재 정치를 하고 있었으며 국민들은 대부분 농노였어요. 기억하지요? 농노는 중세 유럽 때, 장원에서 농사를 지으면서 각종 세금을 영주에게 바쳐야 하는 사람들을 가리켜요. 이들은 다른 곳으로 옮겨 다닐 수도 없었어요.

서유럽에서는 시민 혁명이 일어나면서 대부분의 농노가 해방되었어요. 영국에서는 17세기, 프랑스에서는 18세기 말에 없어졌지요. **러시아에서는 크림 전쟁에서 패배한 후인 1861년에 알렉산드르 2세가 농노를 해방한다고 발표했어요.** 하지만 농노들은 해방이 된 뒤에도 땅을 빌려 농사를 짓는 소작농이 되거나 도시로 나가 공장 노동자가 될 수밖에 없었어요. 그들의 가난한 삶은 조금도 나아지지 않았지요.

러시아의 지식인들은 농민들이 잘살려면 황제를 몰아내야 한다고 생각했어요. 그래서 **농민들을 깨우치기 위해 농촌으로 들어갔어요. 이것을 '브나로드 운동'이라고 해요.** 브나로드는 러시아 어로 '민중 속으로'라는 뜻이에요. 하지만 브나로드 운동은 실패했어요. 농민들이 별다른 관심을 보이지 않았기 때문이에요. 이에 실망한 지식인들 가운데 황제를 암살하자고 주장하는 사람들이 나타났어요. 결국 이들은 1881년에 알렉산드르 2세를 암살했지요. 알렉산드르 2세의 뒤를 이어 니콜라이 2세가 황제가 되었어요.

러시아에서는 1890년대부터 산업 혁명

이 일어나 석탄·석유·철강 공업 등이 빠르게 발전했어요. 그러면서 노동자들의 수가 많아졌지요. 이때 사회주의 사상도 러시아에 빠르게 퍼지기 시작했어요. 사회주의자들은 러시아의 황제를 몰아내고 평등한 세상을 만들자고 주장했어요.

하지만 니콜라이 2세는 사회주의자들을 찾아내서 죽이거나 멀리 유배를 보냈어요. 니콜라이 2세를 향한 러시아 사람들의 불만은 점점 높아졌지요. 농민들은 땅을 달라고 요구했고, 노동자들은 노동조합을 만들 수 있는 권리를 요구했어요. 러시아에서는 금방이라도 혁명이 일어날 분위기였어요.

1905년 1월에 러시아의 수도 상트페테르부르크에서 커다란 사건이 일어났어요. 이 사건을 시작으로 러시아의 역사는 크게 바뀌었어요.

러시아에 혁명이 일어났어요

1905년 1월 22일 일요일, 15만 명이 넘는 러시아 민중들이 황제를 만나기 위해 궁전을 향해 행진했어요. 러시아도 다른 유럽 국가처럼 개혁을 하자고 부탁할 생각이었지요. 러시아 민중들은 아무런 무기도 들고 있지 않았어요. 그러나 궁전을 지키던 병사들이 이들을 향해 총을 쏘았어요. 수백 명이 목숨을 잃었지요. **일요일에 일어난 사건이라서 '피의**

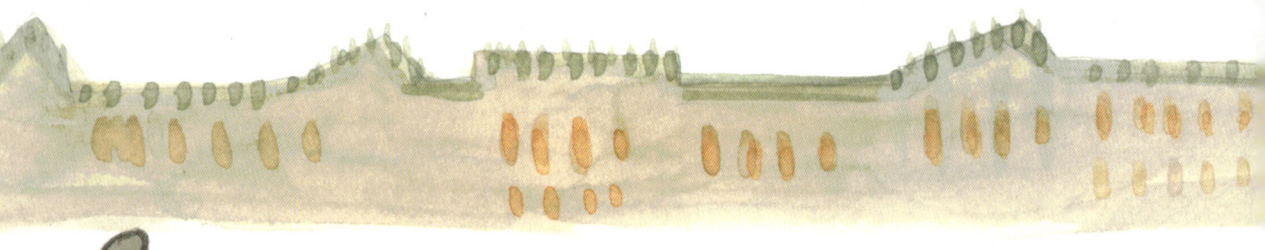

일요일 사건'이라고 해요. 이 사건으로 크게 분노한 러시아 민중들은 정부에 맞서기 시작했어요.** 노동자들의 파업도 점점 더 거세졌지요.

니콜라이 2세는 하는 수 없이 '10월 선언'을 발표했어요. 러시아의 의회인 '두마'를 설치하고, 언론과 집회의 자유를 허용한다는 내용이었어요. 또 새로운 법률을 만들 때는 두마의 허락을 받겠다고 했지요. 하지만 두마 의원들 가운데는 귀족 대표가 노동자 대표에 비해서 훨씬 많았어요. 애초부터 민중들의 뜻을 받아들일 생각이 없었던 거예요. 두마는 토지 개혁을 실시하여 농민들이 자신의 땅을 갖도록 만들려고 했어요. 하지만 이마저도 실패했지요.

1914년에 제1차 세계 대전이 터졌어요. 나라가 혼란스러운데도 러시아 정부는 전쟁에 참가했어요. 니콜라이 2세는 직접 군대를 이끌고 전쟁터로 떠났지요. 금방 끝날 줄 알았던 전쟁이 점점 길어지자 러시아 병사들이 쓸 물자와 식량이 부족해졌어요. 굶주림에 시달리는 국민들도 늘었어요. 러시아의 도시는 전쟁터에서 다쳐 돌아온 병사들, 식량이 없어 구걸하는 사람들로 가득 찼어요. 노동자들의 파업도 계속되었지요.

1917년 3월에 상트페테르부르크의 한 공장에서 노동자들이 배고픔을 참을 수 없다며 거리로 뛰쳐나왔어요. 다른 노동자들도 거리로 쏟아져 나왔어요. 폭동은 순식간에 커졌지요. 폭동을 막아야 할 병사들도 노동자들 편에 섰어요.

노동자들은 황제를 몰아내자며 궁궐로 행진했

니콜라이 2세와 가족

어요. **니콜라이 2세는 더 이상 노동자들을 막을 수 없다는 걸 깨닫고 황제 자리에서 물러나겠다고 선언했어요. 러시아에 임시 정부가 세워졌지요. 이 사건을 '2월 혁명'이라고 해요.** 2월 혁명은 러시아 달력에 따라 부르는 것이고, 현재 쓰는 달력에 따라 '3월 혁명'이라고 부르기도 해요.

2월 혁명 이후에 임시 정부는 소비에트와 함께 러시아를 다스리게 됐어요. 소비에트는 러시아 어로 '대표자 회의'를 뜻하는 말이에요. 1905년에 처음 만들어졌지만 없어졌다가 2월 혁명 이후에 노동자를 대표하는 권력 기구가 되었지요. 임시 정부가 내린 명령이라도 소비에트가 인정하지 않으면 실행할 수 없었어요.

러시아에 10월 혁명이 일어났어요

2월 혁명 이후에 독일에 있던 사회주의자 레닌이 러시아로 돌아왔어요. 법률을 공부하던 레닌은 형이 러시아 황제의 암살 음모에 가담한 혐의로 목숨을 잃자 혁명가의 길로 들어섰어요. 사회주의 운동을 하던 레닌은 체포될 위험에 처하자 1900년에 유럽으로 도망갔어요. 그곳에서도 사회주의 운동을 계속했지요. 1903년에는 사회주의 혁명을 목표로 조직된 '사회 민주 노동당'의 지도자가 되었어요. 이때 레닌을 지지한 다수파를 '볼셰비키'라고 해요.

레닌은 연설을 아주 잘했어요. 러시아 국민들 앞에 선 레닌은 하루라도 빨리 전쟁에서 빠져나와야 한다고 주장했어요. 사실 러시아 국민들은 전쟁에 지쳐 있었어요. 전쟁이 빨리 끝나기만을 기다렸지요. 그러니 전쟁을 그만하자는 레닌의 연설에 감동을 받을 수밖에 없었어요.

1917년 10월에 레닌과 볼셰비키는 '평화와 빵과 토지'를 구호로 내세우며 혁명을 일으켜 임시 정부를 무너뜨렸어요. 그리고 소비에트 정부를 세웠어요. 이것이 '10월 혁명'이에요. 세계에서 처음으로 사회주의 국가가 탄생한 거예요. 10월 혁명은

전쟁을 끝내고 모두가 잘사는 세상을……

러시아 달력에 따라 부르는 이름이고, 세계에서 현재 쓰는 달력에 따라 '11월 혁명'이라고도 하지요. **2월 혁명과 10월 혁명을 합해서 '러시아 혁명'이라고 해요.**

레닌은 제1차 세계 대전에서 빠져나오기 위해 독일과 협상을 했어요. 그 결과 폴란드를 독립시키고 러시아의 영토 일부를 독일에 넘겨야 했지요. 전쟁을 끝낸 레닌은 사회주의 사상에 따라 공장, 은행, 철도 등 모든 산업과 토지를 국가의 소유로 만들었어요. 그렇지만 러시아의 경제는 점점 어려워졌어요.

레닌이 해결해야 할 일은 또 있었어요. 사회주의 혁명을 반대하고 다시 황제를 모시자고 주장하는 백군과 싸워야 했지요. 사회주의 혁명이 자신의 나라로 퍼지는 것을 두려워한 영국과 프랑스 등이 백군을 도와주는 바람에 백군의 세력은 만만치 않았어요. 레닌은 붉은 군대를 조직해 백군과 싸웠어요. 붉은 군대는 마침내 백군을 물리쳤어요.

하지만 전쟁을 치르느라 러시아 국민들은 굶주림에 시달려야 했어요. 레닌은 경제를 살리기 위해 작은 규모의 기업은 개인이 운영할 수 있도록 하고, 농민들에게도 세금을 내고 남은 농산물을 자유롭게 팔 수 있도록 했지요. 또한 자기 땅도 가질 수 있도록 했어요. 은행이나 중공업 같은 중요한 분야를 빼고는 개인이 사업도 할 수 있도록 했지요. 이를 '신경제 정책'이라고 해요.

1918년에 레닌은 수도를 모스크바로 옮기고, 제1회 소비에트 대회를

열었어요. 소비에트 정부가 들어선 우크라이나, 벨로루시, 아제르바이잔, 아르메니아, 그루지야가 이 대회에 참석했지요. 이 나라들은 모두 연방으로 합치기로 했어요. **1922년 12월, 러시아를 비롯한 15개의 공화국으로 구성된 '소비에트 사회주의 공화국 연방'이 세워졌어요. 소비에트 사회주의 공화국 연방을 줄여서 '소련'이라고 해요.** 그 후 소련은 투르크메니스탄, 우즈베키스탄, 타지키스탄, 카자흐스탄, 키르기스스탄 등 중앙아시아의 여러 나라를 강제로 연방에 포함시켰어요.

1924년 1월에 레닌이 병으로 세상을 떠났어요. 레닌의 뒤를 이어 스탈린이 소련의 새로운 권력자가 되었어요. 스탈린은 중공업 발전을 목표로 하는 경제 개발 5개년 계획을 시행했어요. 이 과정에서 스탈린은 독재 정치를 실시하면서 반대파를 가혹하게 탄압했지요.

소련은 사회주의 이념에 따라 모두가 평등한 사회를 만들려고 했어요. 사회주의 이념은 유럽과 아시아까지 널리 퍼졌지요. 특히 독립을 바라는 아시아의 여러 나라에서 사회주의 운동이 매우 활발했어요. 우리나라 독립운동에도 사회주의 사상이 큰 영향을 끼쳤답니다.

20세기 초반, 러시아에 사회주의 혁명이 일어나 소련이 들어섰을 때 중국에서는 어떤 일이 일어나고 있었을까요?

 쑨원이 중화민국을 세웠어요

19세기 중반에 중국의 청은 아편 전쟁의 패배로 영국에 나라의 문을 열었어요. 그 뒤 청은 서양 강대국의 침입에 시달렸지요. 청 정부는 양무운동이나 변법자강 운동 등을 통해 나라를 개혁하려고 했으나 실패했어요. 1899년에 시작된 서양을 몰아내자는 의화단 운동이 실패로 끝난 뒤 청에서도 여러 개혁을 실시했어요. 신식 학교를 세우고 상공업을 장려했으며 헌법을 정하고 입헌 군주제를 받아들이겠다고 했지요. 하지만 개혁은 지지부진했어요. **청나라 사람들은 불만이 높아졌어요. 무능한 청 황실을 몰아내자는 주장이 빠르게 퍼졌지요.**

중국에서도 20세기에 접어들면서 혁명의 기운이 감돌기 시작했어요. 1908년에 청의 권력을 쥐고 있던 서태후와 허수아비 황제였던 광서제가 모두 세상을 떠났어요. 광서제의 조카인 푸이가 황제에 오르게 되었지요. 고작 세 살밖에 되지 않은 이 황제가 중국의 마지막 황제인 선통제예요. 어린 황제를 대신해 황제의 아버지가 청을 다스렸어요.

1911년 5월, 청 정부가 주요 철도를 나라의 것으로 하겠다는 철도 국유화 정책을 발표했어요. 처음에 철도는 서양 강대국이 회사를 차려 건설하고 있었어요. 그러다 청의 지주와 상인 등이 돈을 모아 강대국으로부터 철도를 건설할 수 있는 권리를 사서 새로운 철도를 건설하고 있었지요. 그런데 청 정부가 철도 부설권을 다시 서양 강대국에 넘겨주고 돈을 빌리려고 철도 국유화 정책을 발표한 것이었어요. 청나라 사람들은 철도 국유화 정책을 강하게 반대했어요. 철도 국유화 반대 운동은 반청 운동으로 발전했지요.

1911년 10월, 후베이 성 우한에 있는 우창에서 신식 군인들이 혁명을 일으켰어요. 이 혁명이 신해혁명이에요. 신해혁명은 전국으로 퍼졌

어요. 그러자 오랫동안 외국을 떠돌던 쑨원이 중국으로 돌아왔어요. 중국의 혁명가 쑨원 이야기를 들려줄게요.

쑨원은 1866년 광둥 성에서 농부의 아들로 태어났어요. 열네 살 때 형이 있는 하와이로 건너갔지요. 쑨원은 4년 동안 하와이에서 서양 문물을 접하면서 중국에도 공화국이 필요하다고 생각했어요.

쑨원은 홍콩으로 돌아온 후 의사가 되었고, 혁명가의 길을 걷기 시작했어요. 쑨원은 청·일 전쟁이 터진 후인 1895년을 비롯해 10여 년간 두 번의 무장 봉기를 계획했어요. 하지만 모두 실패했지요. 쑨원은 영국, 일본, 미국 등 전 세계를 떠돌며 다시 혁명 세력을 모았어요.

쑨원은 세상을 떠돌면서 새로운 나라를 어떻게 세워야 하는지 고민했어요. 그래서 나온 것이 '삼민주의'예요. 삼민주의란 민족주의, 민권주의, 민생주의의 세 가지 원칙으로 구성되어 있어요. 민족주의는 만주족을 내쫓고 한족의 나라를 만들겠다는 뜻이고, 민권주의는 백성이 주인이 되는 공화국을 만들겠다는 뜻이며, 민생주의는 지주뿐만 아니라 모든 백성이 골고루 잘살도록 한다는 뜻이었어요.

신해혁명이 일어나자 귀국한 쑨원은 곧바로 중화민국 임시 정부를 세웠어요. 사람들은 쑨원을 임시 대총통으로 뽑았지요. **쑨원은 1912년**

1월에 정식으로 중화민국이 세워졌음을 세상에 알렸어요. 이제 중국에 청과 중화민국, 두 나라가 함께 있게 된 거예요.

청 정부는 위안스카이에게 혁명군을 토벌하라고 명령했어요. 쑨원은 대총통 자리에 연연하지 않았어요. 쑨원은 위안스카이에게 혁명군 편에 선다면 대총통 자리를 넘기겠다고 했어요. 위안스카이는 쑨원의 제안을 받아들였어요. 위안스카이는 군대를 돌려서 청 정부를 공격했지요. **1912년 2월, 위안스카이는 선통제를 황제 자리에서 끌어내렸어요. 이로써 중국의 마지막 통일 왕조였던 청은 멸망했어요.**

쑨원은 약속대로 위안스카이에게 대총통 자리를 넘겼어요. 그런데 위안스카이는 독재자의 길을 걷기 시작했어요. 1913년에 중화민국 첫 국회 의원 선거에서 야당이 크게 승리하자 몰래 야당의 지도자를 죽이고 혁명파를 탄압했어요. 쑨원을 비롯한 혁명파는 다른 나라로 떠나야 했지요. 위안스카이는 1916년에 중국의 황제가 되려고 했어요. 그러자 전국에서 위안스카이에 반대하는 반란이 일어났어요. 결국 위안스카이는 제1차 세계 대전이 한창이던 1916년에 병으로 죽었지요.

위안스카이가 죽자 위안스카이의 자리를 차지하겠다며 군벌들이 권력 다툼을 벌였어요. 군벌은 군대를 거느리고 지방을 다스리던 군인 집단을 말해요. 군벌의 권력 다툼으로 중국은 혼란에 빠졌어요.

1919년에 중국에서는 5·4 운동이 일어났어요. 베이징의 대학생들이 중심이 되어서 일본이 청 정부에 강요하여 얻어 낸 '21개조 요구'를

취소하라고 주장했어요. 또 일본을 몰아내고 군벌들을 무너뜨리자면서 시위를 벌였지요. 5·4 운동은 중국 전체로 퍼져 나갔어요. 그해 우리나라에서는 3·1 운동이 일어났지요.

이 무렵, 국민당을 결성한 쑨원은 5·4 운동을 지켜보면서 노동자, 농민, 사회주의자를 가리지 않고 모두가 힘을 합쳐야 한다는 사실을 깨달았어요. 그래야 제국주의 열강과 군벌에 맞설 수 있다고 생각했지요. 쑨원은 사회주의 국가인 소련의 도움을 받았어요. 부하를 소련으로 보내 군사 기술을 배우도록 했고, 소련 군대를 본떠서 중국 군대도 키웠어요. 1924년에는 마오쩌둥이 이끄는 중국 공산당과 손을 잡았어요. 이것이

제1차 '국·공 합작'이에요. 3년 뒤에 우리나라에서도 민족주의자와 사회주의자가 힘을 합쳐 독립운동 단체인 신간회를 세운답니다. 비슷한 시기에 비슷한 일이 중국과 우리나라에서 일어난 거예요.

쑨원은 자신이 만든 국민당 정부가 중국을 통일하는 걸 보지 못하고 1925년 3월에 세상을 떠났어요. 쑨원이 죽은 뒤에 그의 부하였던 장제스가 국민당의 최고 권력자가 되었지요. **장제스는 군벌을 치면서 난징에 국민당 정부를 세운 뒤 중국을 통일했어요.** 그런데 장제스는 사회주의를 싫어했어요. 1927년에 국·공 합작을 깨고 공산당을 탄압하기 시작했지요. 중국 공산당은 서쪽으로 옮겨 가야 했지만 농민들의 지지를 받으며 점점 세력을 키워 나갔어요.

인도와 서아시아에서 민족 운동이 일어났어요

인도는 16세기 이후 유럽 강대국의 침입에 시달렸어요. 17세기에는 영국이 동인도 회사를 내세워 인도를 지배하기 시작했어요. 결국 19세기에 영국의 식민지가 되었지요.

제1차 세계 대전이 일어나자 영국은 전쟁에 참가하면서 인도 사람들에게 영국을 도와주면 자치권을 주겠다고 약속했어요. 인도에서는 영국을 위해 100만 명이 넘는 사람들이 전쟁터로 나갔지요. 제1차 세계 대전이 영국이 속한 연합국의 승리로 끝났어요. 그런데도 영국은 인도에 자치권을 주지 않았어요. 영국이 약속을 지키지 않은 거예요. 그러자 간디가 영국에 맞섰어요. 인도의 독립 운동을 이끈 간디 이야기를 들려줄게요.

간디는 1869년에 인도의 정치가 집안에서 태어났어요. 젊었을 때, 영국에서 법률을 공부해서 변호사가 되었지요. 간디는 인도로 돌아와 변호사 사무실을 열었지만 일거리는 많지 않았어요.

1893년에 간디는 남아프리카 연방에서 일을 맡아 아프리

"간디를 끝까지 따를 거야."

카로 건너갔어요. 그곳에는 인도 사람이 7만 명 정도가 있었어요. 대부분 비참하게 살고 있었지요. 백인들은 인도 사람들을 심하게 차별했어요. 간디는 인종 차별 정책을 없애고 인도 사람들의 권리를 되찾기 위한 비폭력 투쟁을 시작했어요.

간디는 20년 동안 남아프리카 연방에서 인도 사람들을 위해 싸웠어요. 1913년에 간디는 인도 사람들과 남아프리카 연방의 나탈에서 트란스발까지 행진했어요. 간디와 행진에 참여한 수천 명이 모두 체포되었지요. 하지만 이 사건이 세계에 알려지면서 인도 사람을 차별하는 법이 없어졌어요. 간디는 매우 유명해졌어요. 1915년에 간디는 아프리카를 떠나 인도로 돌아왔어요.

인도로 돌아온 간디는 독립 운동을 시작했어요. 이 무렵, 영국은 인도에 자치권을 준다는 약속을 지키지 않고 있었어요. 오히려 인도 사람들을 재판도 받지 않고 감옥에 가둘 수 있는 법을 만들어 인도의 독립 운동을 탄압했지요.

당시 인도의 독립 운동은 인도 국민 회의가 이끌고

있었어요. 간디는 인도 국민 회의의 지도자가 되어 비폭력·불복종 운동을 전개했어요. 비폭력·불복종 운동은 영국의 관리나 경찰이 어떠한 위협을 가하더라도 폭력을 쓰지 않는 대신에 영국의 법률이나 명령을 절대로 따르지 않는 운동을 말해요. 이와 함께 간디는 영국 상품을 사지 않겠다는 불매 운동도 활발하게 벌였어요.

1930년 3월에 간디는 소금세 반대 운동을 벌였어요. 소금세는 영국 정부가 인도에서 소금을 만들지 못하도록 만든 법이었어요. 간디는 소금을 얻기 위해 단디 해안까지 385킬로미터(km)를 24일 동안 걸었어요. 사람들은 이 일을 간디의 '단디 행진' 또는 '소금 행진'이라고 말해요. 수많은 사람들이 간디의 뒤를 따랐어요. 바닷가에 이른 간디는 소금을 집어들었어요. 인도의 소금은 인도 사람의 것이지, 영국 사람의 것이 아니라는 뜻이었지요. 이 사건으로 간디는 감옥에 갇혔어요. 간디가 감옥에 갇힌 뒤에는 네루가 뒤를 이어 인도의 독립 운동을 이끌었어요.

이번엔 제1차 세계 대전이 끝난 후의 오스만 제국을 살펴볼까요?

오스만 제국은 제1차 세계 대전에서 독일 편에 섰어요. 그러니 패전국이 되었지요. 당연히 많은 영토를 잃고, 나라까지 없어질 위기에 처했어요. 이때 **무스타파 케말이 독립 전쟁을 일으켜 1922년에 임시 정부를 세웠어요. 1923년 10월에는 오스만 제국의 술탄을 끌어내리고 터키**

공화국을 세웠지요. 이슬람 국가에 처음으로 공화국이 들어선 거예요.

무스타파 케말은 대통령에 당선된 뒤 서유럽처럼 터키를 발전시키려고 여러 개혁을 실시했어요.

한편, 오스만 제국의 지배 아래에 있던 서아시아 나라들은 독립을 약속받고 연합국을 도와주었어요. 전쟁이 끝나자 서아시아의 나라들은 영국과 프랑스의 위임 통치를 받게 되었지요. 위임 통치는 국제 연맹이 선진국에게 약소국을 대신 통치하도록 한 제도예요. 사실상 식민 지배와 비슷했지요. 이에 서아시아 나라들은 독립 운동을 시작했어요. 결국 북예멘과 이라크가 독립하고, 사우디아라비아는 통일 왕국을 세웠어요.

과학 기술의 발전으로 삶이 풍요로워졌어요

19세기 후반부터 1920년대 후반까지 세계 역사를 쭉 살펴봤어요. 제1차 세계 대전 말고도 참 많은 사건이 있었지요. 이제 마지막으로 문화 분야를 살펴볼 거예요. 전 세계가 전쟁의 대포 소리로 어수선했지만 과학 기술의 발전으로 사람들의 생활은 많이 달라졌어요. 특히 미국은 다른 지역보다 훨씬 풍요로운 삶을 누렸지요.

우리가 즐겨 먹는 햄버거는 원래 1850년대 독일 이민자들이 미국으로 들여왔어요. 그래서 처음에는 '함부르크 스테이크'라고 불렸지요.

1904년 세인트루이스에서 열린 만국 박람회에서 함부르크 스테이크가 '햄버그'라는 이름으로 세상에 처음 나왔어요.

오늘날 세계 영화의 중심지는 미국 할리우드예요. **할리우드가 세계 영화의 중심지가 된 것은 20세기 초였어요.** 1900년대 초반 스튜디오가 할리우드에 하나둘 들어서더니 1920년 무렵에는 50여 개로 늘어났지요. 할리우드를 대표하는 영화 제작사인 유니버설 스튜디오도 이즈음에 만들어졌어요. 그전까지 영화는 프랑스, 독일,

이탈리아 등 유럽 국가에서 많이 만들어지고 영화 제작 기술도 발전하고 있었어요. 하지만 제1차 세계 대전이 터지면서 유럽에서 영화를 만들기가 어려워졌어요. 많은 영화감독과 배우는 전쟁을 피하고 예술의 자유를 찾아 할리우드로 건너왔지요. 이들은 할리우드가 세계 영화의 중심지가 되는 데 중요한 역할을 했어요.

1927년에 할리우드에서 처음으로 사람의 목소리까지 나오는 영화 〈재즈 싱어〉가 만들어졌어요. 재즈 가수의 삶을 담은 영화였지요. 이미 영화에 소리를 넣는 기술이 발명되어 있었지만 그때까지 영화를 만들 때는 쓰이지 못했어요. 소리를 넣은 영화 〈재즈 싱어〉는 큰 성공을 거두었어요. 당시 미국에서는 재즈 열풍이 불고 있었기 때문이에요. 사람들이

영화를 즐기게 되면서 많은 사람의 사랑을 받는 영화배우도 나타났어요. 대표적인 영화배우가 찰리 채플린이에요. 채플린은 무성 영화와 유성 영화 모두에서 큰 성공을 거두었어요.

스포츠도 대중화 시대에 접어들었어요. 미국에서는 프로 야구단이 생겨나 최고의 인기를 끌었어요. 1920년대 미국에서 가장 유명한 야구 선수는 베이브 루스예요. 베이브 루스는 야구 선수로 있는 동안 714개의 홈런을 쳤어요.

전 세계 축구 팬들이 가장 기다리는 경기는 무엇일까요? 아마 월드컵 축구 대회일 거예요. **4년마다 열리는 월드컵 축구 대회는 1930년에 시작되었어요.** 첫 대회는 남아메리카의 우루과이에서 열렸는데, 총 13개국이 참가했지요. 이 대회에서는 개최국인 우루과이가 아르헨티나를 꺾고 우승했어요.

1920년대 미국에서는 자동차 대중화 시대가 활짝 열렸어요. 자동차는 이미 19세기 후반 독일에서 발명되었어요. 하지만 자동차 한 대를 만들려면 여러 사람이 오랜 시간 작업해야 했어요. 당연히 자동차 가격은 아주 비쌌고, 보통 사람들은 자동차를 살 생각을 하지 못했지요.

1908년에 미국 포드사가 처음으로 자동차를 대량 생산하기 시작했어요. 이때 나온 자동차가 '포드 티(T)'였는데, 첫 해에만 6800대 정도가 생산되었지요. 포드사가 개발한 컨베이어 시스템 덕분이었어요. 컨베이어 벨트가 조립할 부속품을 실어 나르면 노동자는 제자리에서 그것을 조립했어요. 이 시스템 덕분에 작업 속도가 훨씬 빨라졌지요.

1920년대로 접어들면서 자동차가 더 많이 생산될 수 있었어요. 1925년 한 해에만 200만 대의 포드 티(T)가 생산되었지요. 자동차의 가격도 많이 싸졌어요. 큰 부자가 아니어도 자동차를 가질 수 있게 되었지요. 독일, 영국, 프랑스 등 유럽 국가들도 자동차 대중화 시대를 향해 성큼성큼 나아가고 있었어요.

라디오 정규 방송도 1920년에 미국에서 시작되었어요. 라디오 방송 기술은 빠른 속도로 전 세계로 퍼졌어요. 영국에서는 1922년에 첫 뉴스 프로그램 방송을 시작했어요. 우리나라에서 정규 방송을 시작한 것은 1927년이었지요.

라디오에 이어 기계식 텔레비전도 1926년에 영국에서 발명되었어요. 그전에는 동영상을 보려면 영화관에 가야 했어요. 하지만 텔레비전이 발명되면서 집에서도 동영상을 볼 수 있게 되었지요. 영국에서는 1936년에 텔레비전 방송 시대가 열렸어요. 이때 처음 방송을 한 방송국이 오늘날까지 세계 최고의 권위를 자랑하는 비비시(BBC)랍니다.

1930년대에는 인조 섬유인 나일론이 발명되었어요. 나일론은 거미줄보다 가늘고 양털보다 가벼웠어요. 그런데도 강하고 질기며 탄력성도 뛰어났지요. 이런 장점 때문에 처음에는 낙하산이나 텐트, 타이어와 같은 군용 장비에 주로 사용되었어요. 그러다가 1940년대에는 일상생활에서도 나일론이 사용되기 시작했어요. 나일론으로 가장 많이 만든 것이 여성 스타킹이에요. 여성 스타킹은 미국 백화점에서 처음 나왔는데, 순식간에 모두 팔려 나갔어요.

어때요, 참으로 풍요로운 느낌이 들지요? 그러나 곧 어두운 구름이 전 세계를 뒤덮기 시작했어요. 바로 '대공황'이지요.

지도 위 세계사

상트페테르부르크에서 만나는 러시아 혁명

상트페테르부르크는 러시아 혁명 전까지 200여 년간 러시아의 수도였어요.
정치, 예술, 문화의 중심지로 수많은 역사적 사건의 무대가 되었지요.
러시아 혁명과 관련 깊은 상트페테르부르크를 둘러보아요.

데카브리스트 광장

원래 이름은 원로원 광장으로, 데카브리스트는 '12월 혁명 당원'이라는 뜻이에요. 1825년 니콜라이 1세 즉위식 때 혁명을 일으켰던 청년 장교들을 기념하기 위해 이름 붙여졌지요. 그 뒤 전제 정치가 더욱 강화된 것이 러시아 혁명의 계기가 되었어요. 광장에 있는 표트르 대제의 청동 기마상이 유명해요.

원로원과 표트르 대제 청동 기마상

겨울 궁전

러시아의 마지막 여섯 황제가 살았던 장소예요. 지금은 예르미타시 미술관으로 알려져 있어요. 겨울 궁전 앞의 광장은 수많은 정치적인 사건이 일어난 곳이지요. 특히 1905년 '피의 일요일' 시위가 이곳에서 시작되었어요.

카잔 성당

로마의 산피에트로 대성당을 본뜬 양식의 건물이에요. 농노 출신 건축가 바로니킨이 1801년부터 10년에 걸쳐 지었지요. 카잔 성당 앞 광장은 19세기 말부터 혁명 때까지 학생들의 집회 장소로 이용되었어요.

스몰니 수도원

네바 강가에 펼쳐진 공원에 있어요. 1917년 10월 혁명 당시에 레닌을 중심으로 한 작전 본부가 이곳에 설치되었으며, 소비에트 정권 수립 선언도 이곳에서 이루어졌어요. 1918년 모스크바로 수도를 옮길 때까지 소비에트 정부의 중심부로 사용되었지요.

5장
파시즘, 대공황 그리고 제2차 세계 대전

제1차 세계 대전이 끝난 지 30여 년 만에 제2차 세계 대전이 터졌어요.
세계는 다시 전쟁의 소용돌이에 휩싸였지요. 제2차 세계 대전은
경제적 어려움에 빠진 독일, 이탈리아, 일본 등이 다른 나라를 침략하면서 일어났어요.
제2차 세계 대전으로 전 세계가 휘청거렸고, 사람들은 모두 큰 고통에 빠졌어요.
1920년 무렵부터 제2차 세계 대전이 끝난 1945년까지의 역사를 알아보아요.

1941년
태평양 전쟁 시작

1944년
노르망디 상륙 작전

1945년
제2차 세계 대전 끝,
국제 연합(UN) 설립

이탈리아, 독일에 파시즘이 나타났어요

1922년에 이탈리아에서 베니토 무솔리니가 권력을 잡았어요. 제1차 세계 대전이 끝나고 4년이 지난 뒤였어요. 무솔리니는 '파시즘'을 내세워서 권력을 잡았지요. 파시즘이 무엇이냐고요? **파시즘은 국가와 민족의 이익을 가장 중요하게 생각하는 정치 이념이에요. 개인의 자유와 권리는 전혀 중요하지 않다고 생각하지요. 그래서 파시즘을 '전체주의'라고도 해요.**

이탈리아에서 파시즘이 생겨난 까닭은 무엇일까요? 나라 경제가 매우 좋지 않았기 때문이에요. 이탈리아는 제1차 세계 대전 때 연합국의 편에 서서 싸웠어요. 하지만 전쟁이 끝난 뒤에 이탈리아가 얻은 이익은 거의 없었지요. 전쟁에서 돌아온 사람들은 일자리가 없었어요. 노동자들은 파업을 자주 일으켰어요. 물가도 계속 올라 살기가 팍팍했지요. 사회는 점점 혼란에 빠졌어요. 이탈리아 사람들은 자신을 구해 줄 강력한 지도자가 나타나기를 기다렸어요. 이때 무솔리니가 나타났어요.

초등학교 교사였던 무솔리니는 뛰어난 연설 실력으로 금세 사람들을 모았어요. 수많은 이탈리아 사람이 무솔리니를 따랐지요. 무솔리니는 파시즘을 받드는 파시스트당을 만들고, 점점 세력을 키워 나갔어요. 1922년에 무솔리니의 지지자들은 무솔리니를 총리로 임명하라며 로마로 행진했어요. 이를 보고 놀란 이탈리아의 왕은 무솔리니를 총리로 임명했어요.

그 뒤, 무솔리니는 이탈리아의 모든 권력을 독차지했어요. 군대와 경찰도 파시스트들이 차지했으며 파시스트당을 빼놓고 다른 정당을 모두 없앴어요. 로마 교황청에 있는 교황과는 서로 간섭하지 않기로 약속했지요. 이탈리아가 유럽에서 처음으로 파시스트 국가가 된 거예요.

파시즘은 독일로 번졌어요. 독일은 제1차 세계 대전의 패전국이에요. 영토를 빼앗기고, 어마어마한 배상금을 갚아야 하는 독일은 이탈리아보다 경제 사정이 더 좋지 않았어요. 독일 사람들은 독일 정부와 다른 강대국에 불만이 많았지요. 제1차 세계 대전은 독일 혼자 일으킨 것도 아니었는데, 모든 책임을 독일이 지고 엄청난 배상금을 물어야 했기 때문이에요.

독일의 바이마르 정부는 독일을 다시 일으키려고 노력했어요. 경제는 조금씩 나아졌지만 독일 사람들이 느낄 수 없을 정도였지요. 독일 사람들은 독일의 어려움을 해결해 줄 강력한 지도자를 기다렸어요.

1923년에 뮌헨에서 바이마르 정부를 끌어내리자는 폭동이 일어났어요. 나치당의 아돌프 히틀러가 일으킨 폭동이었어요. 나치당은 독일의 파시스트당이었지요. 폭동은 실패로 끝났지만 히틀러의

인기는 나날이 올라갔어요. **히틀러는 사회주의에 반대하고, 독일의 영광을 되살리자고 했어요. 또한 유대 인을 몰아내고 순수 독일 민족만 사는 곳으로 만들자고 했지요.**

독일 사람들은 히틀러를 열렬히 지지하기 시작했어요. 그 결과 1926년 총선에서 열두 명의 의원이 나치당에서 당선되었어요. 1932년 선거에서는 나치당이 전체 득표수의 30퍼센트(%)를 넘게 얻어 제1당이 되었지요. 히틀러는 1933년에 총리, 1934년에는 총통이 되었어요. 히틀러는 '독일 제국을 되살리겠다!'고 선포했어요. 유럽 여러 나라는 히틀러와 나치당을 불안한 눈으로 보았지요. 히틀러는 무솔리니처럼 국민들의 자유를 무시했어요. 나치당을 뺀 다른 정당을 모두 없앴지요. 그러고는 군수 산업과 토목 사업으로 무기와 일자리를 만들어 냈어요.

일본은 군국주의를 발전시켰어요. 군국주의는 나라가 발전하는 데 군사력이 가장 중요하다고 생각하는 것을 말해요. 일본은 제1차 세계 대전의 승전국이었어요. 제1차 세계 대전 동안은 유럽에 전쟁 물자를 팔아 풍요를 누렸지요. 그런데 전쟁이 끝나자 경제가 어려워지기 시작했어요. 기업이 문을 닫고, 일자리를 잃은 사람이 늘었어요. 물가도 계속 올라 사람들의 생활이 점점 어려워졌지요. 이때 **일본의 권력을 잡고 있던 군부는 천연자원이 풍부한 만주를 차지하여 일본의 경제를 살리자고 주장했어요.**

파시즘과 군국주의 세력이 커질수록 전쟁에 대한 두려움도 커졌어요.

독일과 이탈리아, 일본에서 파시즘과 군국주의가 기승을 부릴 수 있었던 것은 사람들이 먹고살기가 힘들었기 때문이에요. 그런데 1929년 10월에 더 큰 어려움이 전 세계에 몰아쳤어요.

미국의 대공황이 세계 대공황으로 번졌어요

1920년대 초, 유럽의 경제는 그리 좋지 않았어요. 제1차 세계 대전이 끝난 지 얼마 지나지 않아 전쟁의 상처가 남아 있었지요. 이에 비해 대서양 건너 미국의 경제는 아주 좋았어요. 미국은 전쟁의 피해가 없었을 뿐만 아니라 유럽에 전쟁 물자를 대면서 번영을 누렸지요.

미국의 경제는 1920년대 후반이 되면서 빠른 속도로 나빠지기 시작했어요. 공장에서 끊임없이 물건을 만들어 내는데, 물건은 팔리지 않았어요. 공장 창고에 물건이 쌓이기 시작했어요. 결국 공장에서는 물건을 생산하지 않게 되었지요.

부자들은 이익이 나지 않는 공장에 돈을 쓰지 않으려고 했어요. 성능 좋은 기계를 사는 대신 주식을 샀지요. 부자들이 주식을 사니 주식 값이 계속 올랐어요. 그런데 1929년 여름부터 주식 값이 떨어지기 시

작했어요. 주식 값이 너무 올랐다고 생각한 사람들이 주식 값이 떨어지기 전에 주식을 팔려고 내놓았기 때문이에요.

1929년 10월 24일 목요일이었어요. 주식 값이 갑자기 폭락했어요. 주식 시장은 혼란에 빠졌어요. 이날을 '암흑의 목요일'이라고 부르지요. 많은 기업의 주식이 휴지 조각이 되었어요. 대공황이 시작된 거예요. 셀 수 없이 많은 기업과 은행이 문을 닫았어요. 직장을 잃은 노동자들이 흘러넘쳤지요. 그런데도 미국 정부는 경제가 저절로 되살아날 것이라고 생각했어요.

미국에서 시작된 대공황은 전 세계로 퍼져 나갔어요. 세계 경제가 서로 얽혀 있었기 때문이에요. 돈이 필요한 미국 기업들은 유럽에 투자한 돈을 걷어 들였어요. 그러자 유럽의 공장과 은행도 문을 닫아야 했지요. 미국과 유럽의 공장이 문을 닫자 식민지에서 들어오는 공업 원료와 농산물 값도 바닥으로 떨어졌어요. 1929년에서 1932년 사이에 세계 무역은 60퍼센트(%)가 넘게 줄어들고, 4명 가운데 1명이 직장을 잃었어요.

미국에서 뉴딜 정책이 실시되었어요

미국에 대공황이 시작되었을 때 미국 대통령은 후버였어요. 후버는 정부가 경제에 간섭하면 안 된다고 생각했어요. 시간이 지나면 저절로 경제가 되살아날 것이라고 생각했지요. 하지만 사람들의 생활은 점점 어려워졌어요. 미국 사람들은 일자리를 달라며 시위를 벌였어요.

1933년에 프랭클린 루스벨트가 미국의 제32대 대통령이 되었어요. **루스벨트는 대공황을 이겨 내려면 정부가 적극 나서서 경제를 살리도록 노력해야 한다고 생각했어요.**

루스벨트가 실시한 정책이 '뉴딜 정책'이에요. '뉴딜'은 카드 게임에서 쓰는 말로, 새로운 게임을 시작하기 위해 카드를 다시 친다는 뜻이에요. 뉴딜 정책을 실시한 루스벨트 이야기를 들려줄게요.

루스벨트는 1882년 뉴욕 주의 유복한 집안에서 태어났어요. 미국의 제26대 대통령인 시어도어 루스벨트가 그의 친척이었지요. 루스벨트는 스물아홉 살에 뉴욕 주 상원 의원이 되었어요. 10년 뒤에는 민주당의 부통령 후보가 되었지만 선거에서 패배했어요.

루스벨트는 서른아홉 살에 큰 시련을 맞았어요. 소아마비에 걸린 거예요. 소아마비는 어린아이가 잘 걸리는 병인데, 심하면 다리를 쓰지 못하게 되는 병이었어요. 그때까지 소아마비는 치료하기 힘든 병이었어요. 그렇지만 루스벨트는 이를 악물고 치료를 받아 목발을 짚고 걸을 수 있게 되었지요.

3년 뒤에 루스벨트는 다시 정치를 시작했어요. 뉴욕 주지사에 연거푸 두 번이나 당선되었어요. 주지사로서 능력도 아주 뛰어나 최고의 주지사라는 칭찬도 받았지요. 결국 1932년에 미국 대통령으로 당선되었어요.

루스벨트는 대공황을 극복하기 위해 여러 가지 개혁을 실시했어요. 뉴딜 정책의 목표는 세 가지였어요. 첫째는 바닥으로 떨어진 경제를 되살리는 것, 둘째는 경제를 크게 부흥시키는 것, 셋째는 미국 경제를 개혁하는 것이었어요.

루스벨트는 우선 국민이 먹고살 걱정부터 덜어 주었어요. 실업자들에게는 실업 수당을, 노인에게는 연금을 주었어요. 일자리도 늘렸어요. 테네시 강 유역에 본빌 댐을 건설해서 수많은 일자리를 만들어 냈지요. 그리고 무

너진 공업을 되살리기 위해 기업 사이의 지나친 경쟁을 막고 힘을 합쳐서 물건 값을 안정시켰어요. 농민들에게는 곡식의 생산량을 줄이게 하고, 줄인

만큼 국가에서 보상해 주었어요.

이뿐만 아니라 루스벨트는 노동자들이 노동조합을 설립할 수 있도록 보장해 주었어요. 또 실업자들에게 새로운 기술을 익힐 수 있는 기회를 주었고, 가난한 사람들을 위해 사회 보장 제도를 만들었지요. 뉴딜 정책으로 노동자와 농민들의 생활이 안정되었고, 미국 경제는 서서히 살아나기 시작했어요.

유럽도 대공황에서 벗어나기 위해 노력했어요

영국과 프랑스는 대공황이 몰아치자 국내 기업을 살리기 위해 노력했어요. 다른 나라에서 들어오는 상품에 높은 세금을 붙였지요. 그러면 다른 나라 상품의 값이 비싸질 수밖에 없어요. 그래야 수입한 상품은 팔리지 않고 자기 나라에서 만든 상품이 잘 팔릴 수 있었지요. 이런 무역 정책을 '보호 무역 정책'이라고 해요.

영국과 프랑스는 '블록 경제'를 만들어 적극적으로 보호 무역 정책을 펼쳤어요. **블록 경제는 정치·경제적으로 같은 편에 있는 나라끼리 무역을 할 때는 세금을 받지 않거나 적게 받고, 블록 밖의 나라와 무역을 할 때는 세금을 높게 받는 것을 말해요.**

영국은 영국과 영국의 식민지로 이루어진 영국 연방끼리 블록을 만들어 무역을 할 때 세금을 붙이지 않거나 적게 붙였어요. 영국 연방이 아닌 나라와 무역을 할 때는 높은 세금을 붙였지요. 파운드를 쓰는 나라끼리 블록을 만들었다고 하여 '파운드 블록'이라고 해요. 프랑스도 파운드 블록에 맞서서 아프리카 및 아시아의 식민지들과 '프랑 블록'을 만들었어요.

영국과 프랑스가 파운드 블록과 프랑 블록을 만든 것은 식민지에 자기 나라의 물건을 팔아서 살아남기 위해서였어요. 하지만

식민지가 없거나 거의 없는 나라는 대공황으로 더욱 큰 어려움을 겪었지요. 가장 많은 어려움을 겪은 나라가 독일과 이탈리아였어요.

독일 사람들은 제1차 세계 대전의 책임을 지고 엄청난 배상금을 물면서 어렵게 살았어요. 그런데 엎친 데 덮친 격으로 대공황이 닥쳤지요. 이때 독일은 파시즘을 내세운 히틀러가 권력을 잡고 있었어요. 히틀러는 대공황을 벗어나기 위해서 베르사유 조약과 전쟁 배상금을 무시하고, 군대와 무기를 늘려 식민지를 만들겠다고 했어요. 파시스트당이 권력을 잡고 있던 이탈리아도 식민지를 얻어 대공황에서 탈출하려고 했지요.

일본도 대공황의 영향을 많이 받았어요. 일본은 외국에서 원료를 사

들여 물건을 만든 다음, 외국으로 다시 팔아 돈을 벌었어요. 그런데 블록 경제 때문에 원료를 사들이기가 힘들어졌고, 물건을 팔기도 어려워졌어요. 결국 수많은 사람이 일자리를 잃었지요. 일본의 군국주의자들도 히틀러와 무솔리니와 비슷한 계획을 세웠어요. 만주와 중국으로 쳐들어갈 생각을 한 거예요. 전 세계에 전쟁의 기운이 다시 감돌기 시작했어요.

일본이 만주를 점령하고 중·일 전쟁을 일으켰어요

1931년 9월 18일이었어요. 일본이 중국 만주 지역을 침략했어요. 이것이 '만주 사변'이에요. '사변'은 한 나라가 상대국에 선전 포고도 없이 침입하는 전쟁을 가리켜요. **만주 사변은 일본의 군국주의자들이 동아시아를 정복하려고 일으켰어요. 일본이 전체주의 국가 가운데에서 가장 먼저 전쟁을 일으킨 거예요.**

이 무렵, 만주에는 일본 군대가 들어가 있었어요. 당시 일본은 만주에 '남만주 철도'를 갖고 있었는데, 철도의 일부 구간이 폭파되었기 때문에 일본에서 군대를 보낸 거였어요. 일본 정부는 중국 사람들이 철도를 폭파했다고 주장했어요. 하지만 실제로는 일본이 만주를 침략하려고 꾸민 일이었어요. 일본은 이를 핑계로 만주를 점령하고, 이듬해 만주국을 세웠어요.

일본은 청의 마지막 황제인 선통제를 만주국의 황제로 앉혔어요. 선통제는 일본의 꼭두각시가 되었지요. 이렇게 다른 나라의 조종을 받는 나라를 '괴뢰 국가'라고 해요. 일본이 만주 사변을 일으키자 국제 연맹은 일본군을 만주에서 철수시키라고 했어요. 그러나 일본은 말을 듣지 않고 국제 연맹에서 나와 버렸지요.

1937년 7월에 일본은 '루거우차오 사건'을 일으켜 중국과 전쟁을 시

작했어요. 루거우차오는 베이징 교외에 있는 다리예요. 일본군이 루거우차오 근처에서 야간 훈련을 하고 있을 때, 총소리가 몇 번 나더니 일본군 한 명이 사라졌어요. 일본이 꾸민 일이었지요. 일본군은 근처에 있는 중국군이 총을 쏜 것이라며 곧장 루거우차오를 점령했어요. 이것이 중·일 전쟁의 시작이었어요.

일본의 군국주의자들은 중국과 전쟁을 하려고 오랫동안 준비했어요. 이에 비해 중국 정부는 전쟁 준비를 하지 못했지요. 일본은 베이징, 톈진, 상하이를 점령하고, 1937년 12월에는 국민당 정부의 수도인 난징까지 점령했어요.

일본 군대는 난징에서 노인, 여자, 어린아이를 가리지 않고 마구 죽였어요. 이때 30만 명이 넘는 사람이 목숨을 잃었어요. 참으로 잔인하지요? 전쟁 중이라 하더라도 정치인이나 군인도 아닌 민간인을 이렇게 죽이는 일은 많지 않아요. 훗날 독일 나치주의자들이 수많은 유대 인을 이처럼 잔인하게 죽였어요. 군국주의와 파시즘이 얼마나 무서운 사상인지를 보여 주는 사건이에요.

중국의 국민당과 공산당은 일본과 싸우려고 힘을 합쳤어요. 미국을 비롯해 연합국도 중국을 도와주었지요. 그래서 일본은 패망할 때까지 중국 전체를 정복하지는 못했어요.

중·일 전쟁을 시작으로 아시아에서는 제2차 세계 대전이 시작되었어요. 하지만 **제2차 세계 대전이 공식적으로 시작된 것은 독일이 폴란드를 침공한 1939년 9월 1일이에요.**

유럽에서는 제2차 세계 대전이 어떻게 일어나게 되었는지 알아볼까요?

에스파냐 내전에서 파시즘 나라들이 뭉쳤어요

1930년대 유럽에서는 파시즘이 놀라운 속도로 퍼지고 있었어요. 독일과 이탈리아는 호시탐탐 주변 국가들을 노리고 있었지요. 히틀러는 1934년에 독일 총통에 오르면서 독일 제국을 되살리겠다고 선포했어요. 제1차 세계 대전을 끝내면서 맺은 베르사유 조약도 지키지 않겠다고 선언했어요. 베르사유 조약에서는 독일이 첨단 무기로 무장하거나 군대를 늘리지 못하도록 했기 때문이에요. 하지만 히틀러는 무기 공장을 세우고, 군대를 늘렸어요. 이탈리아의 무솔리니는 1935년에 아프리카 동부에 있는 에티오피아를 정복하고는 로마 제국이 다시 살아났다고 선전했어요. 에티오피아를 점령한 사실을 부풀린 거예요.

1930년대 들어와서 파시즘 세력은 점점 더 퍼지기 시작했어요. 오스트리아, 헝가리, 폴란드, 루마니아, 불가리아, 그리스에 파시즘이 파고들어 갔지요. 이와 함께 각 나라에서는 파시즘과 전쟁에 반대하는 사람이 많아졌어요. 이들이 힘을 합쳐서 만든 정치 집단이 '인민 전선'이에요.

1936년, 에스파냐에 인민 전선 정부가 들어섰어요. 인민 전선 정부는 농지 개혁 등을 통해 노동자들의 지지를 얻었어요. 당연히 에스파냐의 대지주와 자본가들은 새로운 정부를 싫어했지요. 이들은 사사건건 인민 전선 정부와 싸웠어요. 이때 파시스트인 프랑코 장군이 모로코에서

반란을 일으켰어요. 곧이어 에스파냐에서도 반란이 일어났어요. 프랑코는 군대를 이끌고 에스파냐로 들어왔어요. 이렇게 해서 '에스파냐 내전'이 시작되었어요.

에스파냐 내전에는 여러 나라가 끼어들었어요. 그래서 '작은 세계 대전'이라고도 해요. 독일과 이탈리아는 군대를 보내 반란군을 도왔어요. 이에 맞서 세계 여러 나라의 지식인과 젊은이들이 에스파냐의 인민 전선 정부를 돕기 위해 달려왔어요. 소련도 에스파냐 정부를 도우러 나섰지요. 하지만 프랑스는 에스파냐 정부를 도울 수 있는 형편이 아니었고, 영국은 에스파냐 내전에 간섭하고 싶어 하지 않았어요.

독일과 이탈리아의 도움을 받은 프랑코가 반란에 성공했어요. 에스파냐에 파시스트 정권이 들어선 거예요. 1939년에 프랑코는 통령 자리에 올랐어요. 에스파냐 내전을 계기로 독일과 이탈리아가 친해졌어요. 두 나라는 에스파냐 내전이 한창이던 1936년 10월에 '베를린 로마 추축'을 만들었어요. 추축은 '정치나 권력의 중심축'이라는 뜻으로, 무솔리니가 처음 쓴 말이에요. 무솔리니는 '베를린과 로마를 연결하는 선을 추축으로 하여 국제 관계가 변화할 것'이라고 했지요.

다음 달에는 독일과 일본이 소련에 함께 맞서기 위해 '방공 협정'을

맺었어요. 일 년 뒤에는 '방공 협정'에 이탈리아까지 함께했지요. 대표적인 파시즘 국가들이 손을 맞잡은 거예요. 이 나라들을 '추축국'이라고 해요. 이제 세계는 전쟁을 피할 수 없게 되었어요.

제2차 세계 대전이 일어났어요

1938년에 독일은 오스트리아를 합쳤어요. 히틀러는 독일과 오스트리아는 같은 게르만 족이니 나라를 합치는 것이 당연하다고 주장했어요. 그다음에는 독일인이 많이 사는 체코슬로바키아를 노려서 일부 지역을 차지했어요. 지금은 체코슬로바키아가 체코와 슬로바키아로 나뉘어 있지요. 영국과 프랑스는 독일이 계속 영토를 넓히는 데도 가만히 있었어요. 파시즘이 얼마나 무서운지 알지 못했기 때문이에요. 이듬해에 독일이 체코슬로바키아를 통째로 차지했어요. 그제야 영국과 프랑스는 히틀러를 막아야 한다는 걸 깨달았어요. 체코슬로바키아를 차지한 히틀러는 곧바로 폴란드로 쳐들어갈 준비를 했어요. 영국과 프랑스는 폴란드를 도와주기로 약속했지요.

히틀러는 폴란드를 공격하기 전에 소련을 만나 비밀리에 '독·소 불가침 조약'을 맺고 서로 침략하지 않기로 했어요. 독일이 폴란드를 공격할 때 소련이 뒤에서 독일을 공격하지 못하도록 할 필요가 있었기 때문이에요. 이에 비해 소련은 아직 독일과 싸울 수 있을 만큼 군사력이 강하지 않다고 생각해 합의했지요. 히틀러는 영국과 프랑스는 충분히 이길 수 있다고 생각했어요.

1939년 9월 1일 새벽 5시였어요. 독일 군대가 폴란드를 쳐들어갔어요. 이틀 뒤에 영국과 프랑스는 독일에 선전 포고를 했어요. 이로써 세계는 또다시 전쟁의 소용돌이에 휩싸이게 되었지요. **제2차 세계 대전이 터진 거예요.** 제1차 세계 대전이 끝난 지 21년 만이었어요.

독일은 2주 만에 폴란드의 절반을 차지했어요. 나머지 절반은 소련이 가져갔지요. 소련은 전쟁이 일어나 어수선한 틈을 타서 발트 3국과 핀란드, 루마니아의 일부를 차지했어요. 모두가 평등한 세상을 건설하겠다는 사회주의 국가가 약소국을 침략해 이득을 챙긴 거예요.

독일은 막강한 전차와 폭격기를 앞세워 무서운 속도로 영토를 넓혀 갔어요. 프랑스는 지난 10년 동안 벨기에부터 스위스까지 약 750킬로미터(km)에 이르는 구간에 군사 방어 시설인 '마지노선'을 건설했어요. 마지노선은 처음 마지노선을 건설하자고 건의했던 프랑스의 육군 장관 마지노의 이름을 따서 부르게 된 것이에요. 지금도 마지노선은 '최후까지 지켜야 할 선'이라는 의미로 쓰여요.

프랑스는 독일이 절대 마지노선을 뚫지 못할 거라고 생각했어요. 하지만 독일은 프랑스를 비웃듯 마지노선을 빙 돌아 벨기에로 쳐들어갔어요. 벨기에와 네덜란드를 거쳐 프랑스 파리로 쳐들어왔지요. 1940년

6월에 프랑스는 독일에 항복했어요.

프랑스에는 독일의 괴뢰 정부가 들어섰어요. **드골 장군과 부하들은 영국에 임시 정부를 세우고 독일과 맞섰어요. 프랑스 국민들도 '레지스탕스'를 조직하여 독일과 싸웠지요.** 레지스탕스는 프랑스 말로 '저항'이라는 뜻이에요.

프랑스가 항복한 후에 서유럽에서 독일과 맞설 수 있는 나라는 영국밖에 없었어요. 1940년 가을에 독일은 폭격기와 전투기로 런던 시내에 매일 폭탄을 떨어뜨렸어요. 런던은 파괴되었지만 영국은 항복하지 않았지요. 이때 영국의 수상은 윈스턴 처칠이었어요. 처칠은 런던이 파괴되자 '영국의 수도를 이렇게 폐허로 만든 히틀러를 절대 용서하지 않겠다!'고 선언했어요. 영국 국민들은 처칠의 지휘 아래 하나가 되어 독일에 맞섰어요. 영국은 곧 기운을 되찾았고, 독일과 싸움을 계속했지요.

독일 공군이 영국을 한창 폭격하고 있을 무렵, 또 다른 독일 군대는 발칸 반도로 쳐들어갔어요. **독일 군대는 헝가리, 루마니아, 불가리아를 차례로 점령하고, 1941년에는 그리스까지 점령했어요.** 그에 따라 헝가리, 루마니아, 불가리아는 추축국이 되었어요. 북유럽에 있는 핀란드도 뒤늦게 추축국에 들어왔어요. 루마니아와 핀란드는 소련에 빼앗긴 영토를 되찾으려고 추축국이 되었지만 불가리아는 독일의 강요로 들어왔지요.

히틀러가 다음으로 노린 나라는 소련이었어요. 히틀러는 소련을 정복해 대제국을 건설하고 싶었기 때문에 소련과 맺은 불가침 조약을 지킬 생각이 없었어요.

1941년 6월에 독일이 소련을 공격하기 시작했어요. 히틀러는 소련을 공격할 때 병사 300만 명, 전차 3600대, 전투기 2700대를 동원했지요. 독일은 4개월 만에 소련의 수도인 모스크바의 코앞까지 쳐들어갔어요. 바로 그때 겨울이 다가왔어요. 소련의 겨울은 무척 추워요. 독일 군대는 더 이상 모스크바를 향해 나아갈 수 없었어요. 대포나 폭격이 아니라

연합국과 추축국의 공격 방향

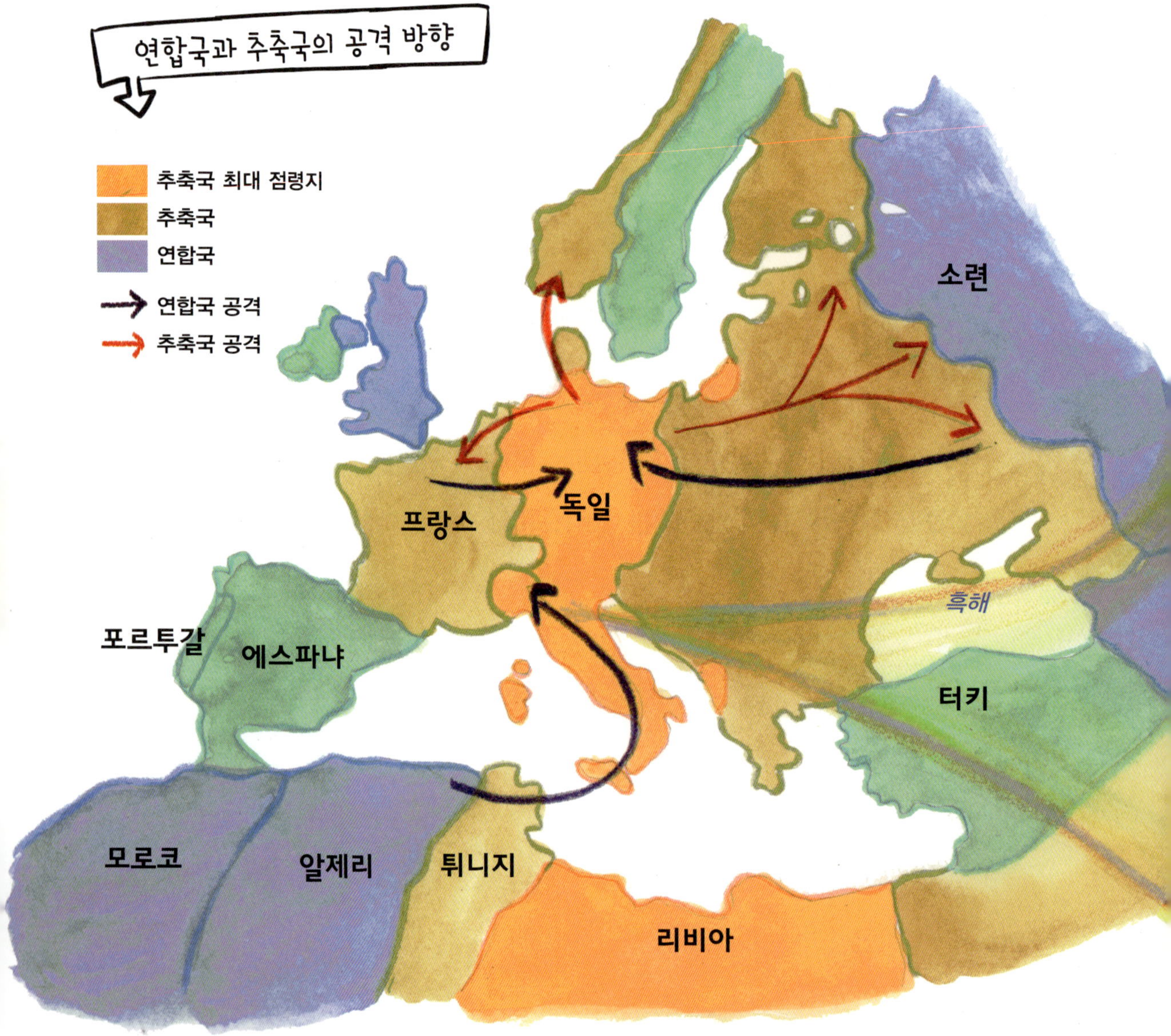

- 추축국 최대 점령지
- 추축국
- 연합국
- ➔ 연합국 공격
- ➔ 추축국 공격

추위에 무릎을 꿇은 거예요. 후퇴하는 독일군의 뒤를 소련군이 공격했어요. 그 결과 소련군이 크게 승리했지요.

1942에 영국을 비롯한 연합국의 반격이 시작되었어요. 이제 태평양으로 가 볼까요? 태평양에서도 전쟁이 터졌어요.

일본과 미국이 태평양 전쟁을 벌였어요

중·일 전쟁을 일으킨 일본은 중국을 넘어 인도차이나 반도까지 노렸어요. 일본은 금방 중국을 차지할 줄 알았지요. 하지만 중국 사람들이 끈질기게 맞서 싸워서 전쟁이 쉽게 끝나지 않았어요. 그러자 일본은 고무, 석유 등 천연자원이 많은 동남아시아와 태평양 지역을 차지하기로 계획을 바꾸었어요. 당시 동남아시아 지역은 타이를 빼놓고는 미국, 영국, 프랑스, 네덜란드의 식민지였지요.

유럽에서 제2차 세계 대전이 터지자 일본은 독일, 이탈리아와 손을

잡고, 동남아시아의 여러 나라를 점령했어요. 일본은 아시아를 해방시켜 아시아 전체가 번영을 누리자는 뜻이라고 선전했어요. 하지만 **서양 강대국의 식민지를 빼앗는 것이 진짜 목적이었지요.**

미국은 일본이 중국과 동남아시아에서 영토를 넓혀 가는 것이 못마땅했어요. 그대로 두면 일본이 태평양에 있는 섬 전체를 식민지로 삼을 것이 뻔했기 때문이에요. 태평양에 있는 섬 중에는 미국의 식민지가 꽤 많았어요. 미국은 일본에 '인도차이나 반도와 만주에서 군대를 철수하라!'고 경고했어요. 하지만 일본은 미국의 경고를 무시했지요. 미국은 일본과 무역을 완전히 끊었어요. 전쟁 물자를 구하기 어려워진 일본은 미국과 싸울 수밖에 없다고 생각했어요.

1941년 12월 7일이었어요. 일본은 선전 포고도 없이 미국의 태평양 함대가 있는 하와이 진주만을 폭격했어요. 미군 기지는 아수라장이 되었어요. 이 폭격으로 2300여 명의 병사가 죽었고, 1100여 명이 다쳤어요. 전함 8척, 항공기 180대가 파괴되었으며 기지는 거의 부서졌지요.

미국 사람들은 크게 분노했어요. 그때까지 미국은 연합국에 무기를 빌려 주거나, 독일 잠수함의 공격이 있으면 맞서 싸우기는 했지만 전쟁에 직접 뛰어들지는 않았어요. 미국 사람들이 세계 대전에 참전하는 것을 반대했기 때문이에요. 그런데 진주만 폭격으로 미국 사람들의 생각이 바뀌었어요. 일본의 진주만 폭격이 있던 바로 다음 날, 미국은 일본에 선전 포고를 했어요. 이로써 미국도 제2차 세계 대전에 뛰어들게 되었어요.

미국이 참전하자, 일본과 동맹을 맺은 독일과 이탈리아도 미국에 선전 포고를 했어요. 이제 태평양 일대도 전쟁터가 되었어요. 이 전쟁을 따로 '태평양 전쟁'이라고 해요.

진주만 폭격에 성공한 일본은 아시아와 태평양에 있는 섬 전체를 차지할 수 있을 것 같았어요. 하지만 일본의 기대는 오래가지 못했어요.

제2차 세계 대전이 끝났어요

미국이 제2차 세계 대전에 참전하자 전쟁의 분위기가 바뀌었어요. 사실 1942년 봄까지도 독일을 비롯한 추축국의 기세는 하늘을 찔렀어요.

독일과 이탈리아는 유럽과 북아프리카의 거의 모든 지역을 차지했어요. 일본은 조선, 만주, 중국 본토 일부, 동남아시아, 태평양 지역을 손에 넣었지요.

하지만 1942년 여름부터 추축국은 내리막길을 걷기 시작했어요. 연합국의 반격이 시작되었기 때문이에요. 그해 6월, 미국은 미드웨이 해전에서 일본을 크게 이겼어요. 일본군이 미드웨이 섬에 있는 미군 기지를 공격한다는 정보를 미리 입수한 미국이 폭격기로 일본 함대와 비행기를 부숴 버렸지요. 그 뒤 일본은 태평양 전쟁에서 밀리기 시작했어요. 중국에서도 중국 공산당 군대에 밀리기 시작했지요. 아프리카에서는 미국과 영국이 독일의 전차 부대를 물리치고 독일과 이탈리아를 아프리카에서 쫓아냈어요.

1943년 2월에 소련이 독일과 싸워 큰 승리를 거두었어요. 소련과 독일은 1942년 여름부터 스탈린그라드를 두고 계속 싸웠어요. 독일은 수도 없이 스탈린그라드를 공격했지만 끝내 차지하지 못했지요. 소련은 겨울이 시작될 때 반격을 시작해 독일을 포위하고 독일군의 항복을 받아 냈어요.

연합국이 계속 승리를 거두자 이탈리아는 무솔리니를 쫓아내고 항복을 선언했어요. 이때가 1943년 9월이에요. 무솔리니는 1945년에 달아나다가 붙잡혀 이탈리아에서 처형되었지요. 이제 독일과 일본만 남았어요. 두 나라의 항복도 시간 문제였어요.

1944년 6월 6일에 영국과 미국을 중심으로 한 연합국이 프랑스 노르망디 앞바다에서 '노르망디 상륙 작전'을 펼쳤어요. 이 작전을 지휘한 인물은 드와이트 아이젠하워였어요. 아이젠하워는 뒷날 미국의 대통령이 되었지요. 노르망디 상륙 작전은 대성공이었어요. 7개 사단이 프랑스 땅에 발을 디뎠어요. 연합국은 프랑스 땅을 조금씩 되찾기 시작했어요. 프랑스의 레지스탕스도 함께 싸웠지요. 그해 8월, 마침내 프랑스의 수도 파리를 되찾았어요.

1945년 3월에 연합국은 라인 강을 넘어 독일 땅에 닿았어요. 4월에는 소련의 탱크 부대가 베를린에 이르렀어요. 이 소식을 들은 히틀러는 스스로 목숨을 끊었지요. **독일은 5월 7일에 연합국에 항복했어요.**

소련 군대가 독일에 도착한 4월 초, 미국 군대가 일본의 이오지마와 오키나와를 점령했어요. 이미 5, 6개월 전부터 미국은 일본에 폭탄을 퍼붓고 있었어요. 7월이 되자, 미국은 일본에 무조건 항복을 요구했지요. 그렇지만 일본은 끝까지 저항했어요.

전쟁을 하루빨리 끝내고 싶었던 미국은 8월 6일에 일본 히로시마에 원자 폭탄을 떨어뜨렸어요. 3일 후에는 나가사키에도 원자 폭탄을 떨어뜨렸지요. 소련도 일본에 전쟁을 선포했어요. **결국 8월 15일에 일본은 무조건 항복을 선언했어요.** 이렇게 해서 제2차 세계 대전이 연합국의 승리로 끝이 났답니다. 그렇지만 전쟁으로 인한 전 세계의 피해는 매우 컸어요.

제2차 세계 대전은 엄청난 상처를 남겼어요

제2차 세계 대전은 인류 역사상 가장 많은 사람이 죽고, 가장 많은 피해를 입은 전쟁이에요. 제2차 세계 대전으로 약 2700만 명의 군인이 목숨을 잃었어요. 민간인 사망자도 약 2500만 명이었지요. 유럽의 대부분이 폐허로 변했어요. **이렇게 피해가 큰 것은 한꺼번에 수많은 사람을 죽일 수 있는 무기가 많아졌기 때문이에요.** 기관총, 대포, 탱크, 군함,

전차, 항공 모함, 원자 폭탄 등이 군인과 민간인을 가리지 않고 죽였어요.

제1차 세계 대전 때보다 군인은 5배 정도 더 많이 목숨을 잃었는데, 민간인 사망자는 50배 정도 많아졌지요. 민간인 사망자가 많이 늘어난 데는 이유가 있었어요. 독일과 일본 등이 어린이와 노인을 가리지 않고 학살했기 때문이에요. 특히 히틀러는 유대 인을 지구에서 없애야 한다며 600만 명이 넘는 유대 인을 죽였어요. **히틀러가 저지른 유대 인 대학살을 '홀로코스트'라고 해요.**

지금도 폴란드의 아우슈비츠에 가면 유대 인 수용소가 남아 있어요.

히틀러는 아우슈비츠 수용소에 유대 인을 잡아 가두고, 가혹하게 일을 시켰어요. 그러다가 몸이 허약해지면 가스실로 보내 죽였지요. 아우슈비츠 수용소는 세계 문화유산으로 지정되어 있어요. 아픈 역사를 잊지 말자는 뜻이랍니다.

히틀러는 여러 곳에 유대 인 수용소를 만들었어요. 유대 인 수용소에 갇혀 있다가 열여섯 살의 어린 나이에 세상을 떠난 소녀가 있었어요. 이 소녀의 이름이 안네 프랑크예요. 안네 프랑크 이야기를 들려줄게요.

안네 프랑크는 독일 프랑크푸르트에서 태어난 유대 인이었어요. 히틀러가 정권을 잡자, 안네의 가족은 네덜란드 암스테르담으로 건너갔어요. 전쟁이 터지기 전까지 안네의 가족은 그곳에서 평화롭게 살았지요.

1942년에 히틀러가 네덜란드를 점령했어요. 많은 유대 인이 네덜란드를 떠났는데, 안네의 가족은 미처 도망치지 못했어요. 안네의 가족은 다른 유대 인 가족 몇몇과 함께 숨어서 생활했어요. 숨어 있는 동안 안네는 일기를 썼지요. 이 일기가 〈안네의 일기〉예요.

〈안네의 일기〉에는 1942년 6월 12일부터 1944년 8월 1일까지의 생활이 적혀 있어요. 안네 프랑크는 어른들의 전쟁을 비판했어요. 또 힘든 환경에서도 용기를 잃지 않겠다고 다짐하는 내용도 적혀 있지요.

안네의 가족은 안네가 마지막 일기를 쓴 지 3일 후에 유대 인 수용소로 끌려갔어요. 안네는 수용소에서 목숨을 잃었어요.

〈안네의 일기〉는 전쟁이 끝난 뒤 책으로 나왔어요. 〈안네의 일기〉를 읽다 보면 히틀러와 나치당이 얼마나 잔인한지 알 수 있어요.

제2차 세계 대전으로 여성의 지위가 많이 올라갔어요. 전쟁 때문에 남성 대신 여성이 일을 해야 했기 때문이에요. 제2차 세계 대전이 끝날 때까지 미국에서만 최소한 1600만 명이 넘는 남성이 전쟁터로 떠났어요. 젊은 남성이 크게 줄자 일할 사람이 부족했지요. 미국의 공장에서는 노동자를 찾아야 했어요. 미국 정부는 여성들에게 공장에서 일할 것을 권했어요. 약 2000만 명의 여성이 공장에 취직을 했지요.

미국 정부는 여성도 무겁고 다루기 힘든 장비를 남성 못지않게 능숙하게 다룰 수 있다고 선전했어요. 공구 중에 '리베터'라는 것이 있어요. 머리 부분이 둥글고 두툼한 버섯 모양의 굵은 못을 박고 죄는 기계예요. 미국 정부는 리베터를 잘 다루는 여성 로지를 등장시킨 노래를 만들고, 포스터를 만들어 널리 뿌렸어요. 미국뿐만 아니라 다른 나라에서도 많은 여성이 공장에서 일을 했지요.

제1차 세계 대전은 유럽의 나라끼리 주로 유럽 주변 지역에서 싸웠어요. 이에 비해 제2차 세계 대전은 세계 거의 모든 나라가 참여했고, 거의 모든 지역이 전쟁터였어요. 심지어 하늘과 바다도 전쟁터였지요. 전쟁에 참여한 나라만 57개국에 이르렀어요. 전쟁을 일으킨 추축국은 독일, 이탈리아, 일본, 헝가리, 루마니아, 불가리아, 핀란드, 타이 등 8개국이었어요. 이에 맞선 연합국은 영국과 미국, 소련, 중국을 비롯해 49개국이었지요. 에스파냐, 스위스, 스웨덴, 아일랜드, 포르투갈, 아프가니스탄은 중립을 지켰어요.

전쟁의 수습은 쉽지 않았어요. 수많은 나라가 서로 관련되어 있었기 때문이에요. 나라마다 원하는 게 달라 세계 질서를 논의하는 게 어려울 수밖에 없었지요. 미국, 영국, 중국, 소련 등 연합국의 최고 지도자는 1942년부터 자주 모여 회의를 했어요.

1943년 11월에 이집트 카이로에서는 미국의 루스벨트, 영국의 처칠, 중국의 장제스가 모여서 카이로 선언을 발표했어요. 카이로 선언에는 일본을 항복시키고 우리나라의 자유와 독립을 보장한다는 내용

이 담겼지요. 1945년 2월에 크림 반도에 있는 얄타에 모인 미국의 루스벨트, 영국의 처칠, 소련의 스탈린은 미국, 영국, 소련, 프랑스가 독일을 나눠서 통치하기로 했어요.

전쟁이 끝난 후에, 전쟁을 일으킨 나라들은 프랑스 파리에서 연합국과 강화 조약을 맺었어요. 강화 조약은 문서로 공식 체결하는 평화 조약을 말해요. 일본은 나중에 미국 샌프란시스코에서 강화 조약을 맺었지요.

제2차 세계 대전 이후에 우리나라를 비롯한 많은 나라가 독립했어요. 하지만 갈등도 많았어요. 중동 지역에서는 이스라엘의 독립을 놓고 유대 인과 아랍 인이 충돌했지요. 중동 분쟁은 오늘날까지도 해결되지 않고 있어요.

연합국은 세계 평화를 유지하기 위해 1945년 10월 24일에 국제 연합(UN)을 출범시켰어요. 국제 연합 본부는 미국 뉴욕에 있어요. 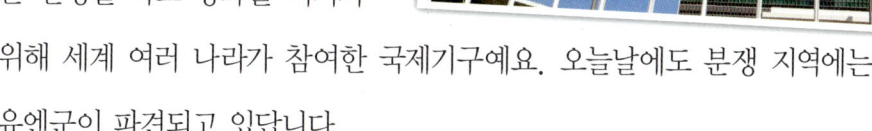 국제 연합은 전쟁을 막고 평화를 지키기 위해 세계 여러 나라가 참여한 국제기구예요. 오늘날에도 분쟁 지역에는 유엔군이 파견되고 있답니다.

지도 위 세계사

유럽에서 만나는 홀로코스트

제2차 세계 대전 동안 히틀러는 600만 명이 넘는 유대 인을 희생시켰어요. 유럽 곳곳에는 약 2만 개의 유대 인 수용소가 있었지요. 홀로코스트의 참상을 보여 주는 곳을 둘러보며 아픈 역사를 되새겨 보아요.

출발 — 베를린 유대 인 박물관

박물관 내 기억의 공간

독일의 베를린 유대 인 박물관

독일 베를린에 있어요. 독일 유대 인의 역사와 유대 인 학살의 비극을 알려주는 의미 있는 곳이에요. 지하 통로 중간에는 콘크리트로 둘러싸인 밀실인 홀로코스트 타워가 있는데, 이는 강제 수용소를 상징해요.

다하우 수용소 → 오스트리아의 마우타우젠 수용소

다하우 수용소 조형물

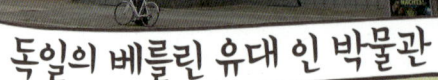

독일의 다하우 수용소

독일 뮌헨에 있어요. 나치 정권 최초의 강제 수용소로 가장 오래 운영되었지요. 화장장과 가스실이 있는 등 이후에 세워진 수용소 시설의 본보기가 되었어요. 이곳에서는 강제 수용소 경비병들의 교육도 있었답니다.

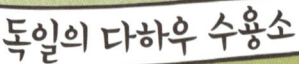

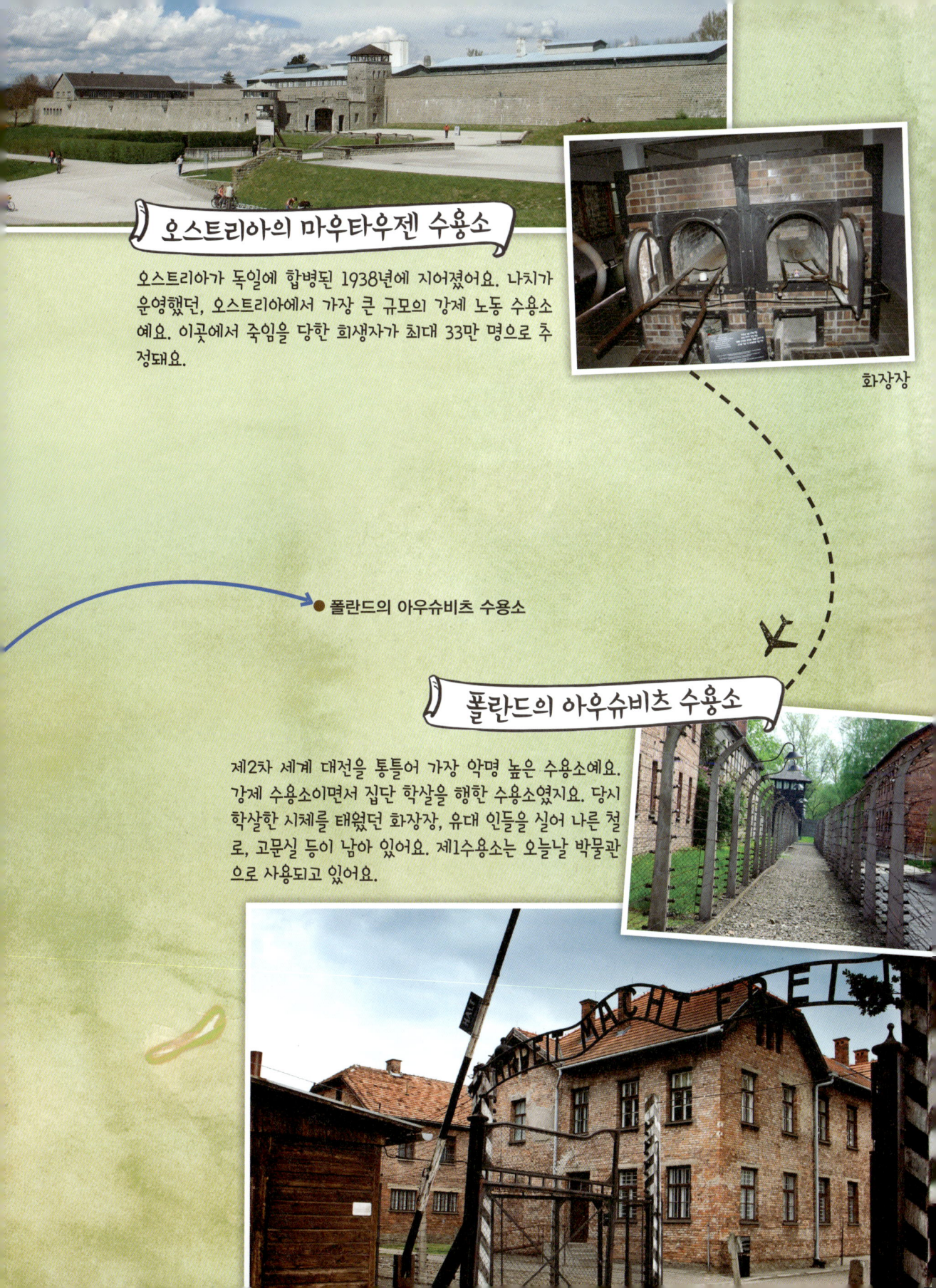

오스트리아의 마우타우젠 수용소

오스트리아가 독일에 합병된 1938년에 지어졌어요. 나치가 운영했던, 오스트리아에서 가장 큰 규모의 강제 노동 수용소예요. 이곳에서 죽임을 당한 희생자가 최대 33만 명으로 추정돼요.

화장장

● 폴란드의 아우슈비츠 수용소

폴란드의 아우슈비츠 수용소

제2차 세계 대전을 통틀어 가장 악명 높은 수용소예요. 강제 수용소이면서 집단 학살을 행한 수용소였지요. 당시 학살한 시체를 태웠던 화장장, 유대 인들을 실어 나른 철로, 고문실 등이 남아 있어요. 제1수용소는 오늘날 박물관으로 사용되고 있어요.

1866년	1876년	1894년	1897년
병인양요 일어남	강화도 조약 맺음	동학 농민 운동 일어남	대한 제국 선포

1894년
동학 농민 운동 일어남

1919년
상하이 임시 정부 수립

6장
개항에서 광복까지, 한국 근대사

19세기 중반부터 20세기 중반까지 세계는 두 번의 세계 대전을 겪었어요.
또한 과학 기술이 눈부시게 발달하여 세상이 크게 바뀌었지요.
이번 장에서는 그 기간 동안의 우리나라 역사를 알아볼 거예요.
흥선 대원군이 권력을 잡을 때부터 우리나라가 일제의 식민지가 되었다가
광복되는 날까지의 역사예요. 100년이 조금 안 되는 동안의 역사이지요.
자, 우리나라에 어떤 일들이 있었는지 역사 속으로 들어가 보아요.

1910년 한·일 합병

1919년 3·1 운동 일어남, 상하이 임시 정부 수립

1920년 봉오동 전투, 청산리 대첩

1940년 한국 광복군 조직

흥선 대원군이 통상 수교 거부 정책을 펼쳤어요

제국주의 열강들이 더 많은 식민지를 차지하려고 한창 경쟁을 벌이던 19세기 중반에 조선은 아주 어지러웠어요. 나라 안으로는 안동 김씨, 풍양 조씨 같은 세도 가문이 나라의 권력을 독차지하면서 왕의 권위는 땅에 떨어졌어요. 백성들은 온갖 세금에 시달렸고, 관리의 횡포에 지친 백성들은 곳곳에서 반란을 일으켰지요. 나라 밖에서는 영국이 아편 전쟁을 일으켜 청의 수도를 점령하는 사건이 벌어졌고, 조선의 앞바다에도 심심치 않게 서양의 배가 나타났어요.

1863년에 흥선 대원군의 둘째 아들이 왕이 되었어요. 이 왕이 조선의 제26대 왕 고종이에요. 대원군은 왕이 아니었던 왕의 아버지를 부르는 말이에요. 힘없는 왕족에서 조선의 최고 권력자가 된 흥선 대원군 이야기를 들려줄게요.

흥선 대원군은 1820년에 사도 세자의 후손인 남연군의 아들로 태어났어요. 당시에 왕족은 목숨을 잃지 않으려고 아주 조심하면서 살았아야 했어요. 가장 많은 권력을 쥔 안동 김씨 가문에서 똑똑

한 왕족들을 살려 두지 않았기 때문이에요.

흥선 대원군은 안동 김씨 가문 사람들을 안심시키려고 일부러 건달들과 어울렸고, 술을 마시면 행패를 부렸어요. 심지어 안동 김씨 가문에 잔치가 있을 때마다 찾아다니며 술을 얻어 마시고 망나니짓을 했어요. 안동 김씨 가문 사람들은 흥선 대원군을 비웃었지요. 그렇지만 사실 흥선 대원군은 기회를 엿보고 있었던 거예요.

철종이 자손을 남기지 않고 죽자, 흥선 대원군은 왕실의 가장 큰 어른인 대왕대비를 찾아가 자신의 둘째 아들이 왕이 될 수 있도록 만들었어요. 그 후 흥선 대원군은 나이 어린 고종을 대신해서 조선을 다스렸어요.

흥선 대원군은 권력을 차지하자 왕권을 강화하기 위해 먼저 세도 정치부터 끝냈어요. 안동 김씨 가문을 비롯한 세도 가문을 높은 관직에서 몰아냈지요. 그 대신 신분을 가리지 않고 능력 있는 인재를 뽑았어요. 또한 평민 남자들이 군대를 가는 대신에 내던 세금인 군포를 양반도 내게 했어요. **백성들을 괴롭히던 환곡도 개혁했어요.** 환곡은 본래 먹을거리가 떨어지는 봄에 나라에서 백성들에게 곡식을 빌려주고 추수가 끝난 가을에 이자를 붙여서 받던 제도였어요. 그런데 지방의 관리들이 지나치게 많은 이자를 받거나 모래가 섞인 쌀을 빌려주어 백성들의 원성이 높았지요. 흥선 대원군은 환곡 대신에 곡식을 빌려주는 창고를 마을마다 스스로 운영하게 했어요.

흥선 대원군은 지방의 유학자들이 모여 있는 서원을 개혁했어요. 서원은 훌륭한 학자를 기리고 그를 본받아 공부하기 위하여 세운 곳이에요. 그런데 서원이 본래의 목적에서 벗어나 온갖 부정부패를 저질렀어요. 흥선 대원군은 47곳을 뺀 나머지 서원을 모두 없앴어요.

흥선 대원군은 왕실의 권위를 높이기 위해 임진왜란 때 불에 탄 경복궁

을 다시 짓기로 했어요. 궁궐을 지으려면 돈과 일손이 많이 필요해요. 흥선 대원군은 공사비를 마련하려고 원납전을 걷었어요. 원납전은 원래 '원해서 내는 돈'이란 뜻이에요. 지금의 기부금과 같은 것이지요. 그런데 흥선 대원군은 원납전을 강제로 걷었어요. 그러다 보니 사람들의 원망이 쌓였지요. 원납전으로도 경복궁 지을 돈이 모자라자 흥선 대원군은 당백전을 만들었어요. 당백전은 '백에 해당하는 돈'이란 뜻으로, 당백전 한 개가 상평통보 100개와 맞먹는 가치를 가졌어요. 이런 돈을 만들면 물가가 오를 수밖에 없어요. 당백전을 만들자 물가는 치솟고, 백성들

의 원망은 더 높아졌어요.

한편, **흥선 대원군은 천주교를 박해했어요.** 1866년에 무려 8000명이 넘는 천주교 신자들을 처형했지요. 이 사건이 '병인박해'예요. 병인박해 때에 아홉 명의 프랑스 선교사도 처형되었어요. 얼마 뒤 프랑스가 이에 항의하며 조선을 침략했어요. 이 사건을 병인년에 일어났다고 하여 '병인양요'라고 해요. '양요'는 '서양이 일으킨 난리'란 뜻이에요.

1871년에는 미국이 침략해 왔어요. 미국의 무역선 제너럴셔먼호가 평양에 왔다가 불에 탄 사건이 있었는데, 이를 구실로 미국이 다섯 척의 함대를 이끌고 쳐들어온 거예요. 이 사건을 신미년에 일어났다고 하여 '신미양요'라고 하지요.

조선은 병인양요와 신미양요 때 프랑스와 미국을 물리쳤어요. 그렇지만 조선은 큰 피해를 입었어요. 많은 병사와 백성들이 죽었지요. 프랑스 군은 물러가면서 각종 왕실 행사에 대해 기록한 의궤 등 340여 권의 책과 문화재, 보물들을 훔쳐 갔어요.

프랑스와 미국을 물리친 흥선 대원군은 전국에 척화비를 세우고 통상 수교 거부 정책의 뜻을 널리 알렸어요. **'척화'는 서양과 화친하는 것을 반대한다는 뜻이에요. 통상 수교 거부 정책은 서양의 문물을 받아들이지 않겠다는 정책이었어요.** 나라의 문을 걸어 잠근다고 하여 쇄국 정책이라고도 해요.

조선이 나라의 문을 열었어요

흥선 대원군은 10년 동안 조선을 통치했어요. 그동안 흥선 대원군에게 불만을 품은 사람들도 늘었지요. 서원을 없앤 것 때문에 유학자들의 불만이 높았고, 서양 문물에 관심을 가진 젊은 관료들은 흥선 대원군의 통상 수교 거부 정책을 비판했어요.

강직한 유학자로 이름이 높은 최익현은 왕에게 상소를 올렸어요. **최익**

현은 서원 철폐와 원납전 징수 등을 문제 삼아 흥선 대원군이 나랏일에서 손을 떼야 한다고 주장했지요. 이 상소를 계기로 고종이 직접 나라를 다스리겠다고 선언했어요. 흥선 대원군이 물러나자 고종은 흥선 대원군과 가까운 신하들을 모조리 내쫓았어요. 고종은 왕비의 집안사람들을 중요한 자리에 앉혔지요. 고종의 왕비는 '명성 황후'였어요.

이 무렵, 일본은 메이지 유신을 통해 개혁에 성공하고, 아시아의 강대국을 꿈꾸고 있었어요. 일본은 조선과 새로운 외교 관계를 맺으려고 했지요. 그러나 쉽지 않았어요. 일본이 조선에 보낸 문서에는 '대일본, 황상'처럼 일본을 조선보다 높여 부르는 말이 들어 있었어요. 조선은 이를 고칠 것을 요구했지만 일본은 받아들이지 않았어요. 조선도 끝까지 일본의 외교 문서를 인정하지 않았지요. 일본은 조선에 군함을 보내 강제로 외교 관계를 맺기로 했어요.

1875년 8월, 일본의 군함 운요호가 강화도 앞바다에 나타나 대포를 마구 쏘았어요. 조선군이 운요호를 향해 대포를 쏘자 운요호는 초지진을 박살 냈어요. 다음 날, 일본군은 영종도에 상륙해 조선 사람을 여럿 죽이고 돌아갔어요. 이 사건은 미국이 일본의 문을 열 때, 미국이 일본에 한 일과 거의 비슷해요. **운요호 사건이 일어난 지 5개월 뒤에 조선과 일본은 '강화도 조약'을 맺었어요.**

강화도 조약에 따라 부산항, 인천항, 원산항에 일본 상인들이 자유롭게 드나들 수 있게 되었어요. 일본의 상품은 세금을 붙이지 않았기 때문에 아주 싼 가격에 팔렸어요. 조선에서는 쌀을 수입해 갔어요. 조선의 쌀에도 세금이 붙지 않았기 때문에 일본에서 매우 싼값에 팔렸지요. 이 때문에 일본으로 많은 쌀이 빠져나가 조선에서는 쌀이 모자라게 되었어요. 이뿐만 아니라 일본은 조선의 해안을 자유롭게 측량할 수 있게 되었고, 조선 사람이 일본 사람 때문에 피해를 입어도 조선 땅에서 재판을 할 수 없었어요. 강화도 조약의 내용이 일본에만 유리하지요? 그래서 **강화도 조약을 '불평등 조약'이라고 하는 거예요.**

그 후 조선은 미국, 영국, 독일, 러시아, 프랑스와 잇달아 통상 조약을 맺었어요. 나라의 문을 연 조선에서는 어떤 일이 있었을까요?

임오군란과 갑신정변이 일어났어요

강화도 조약을 맺은 조선은 개화 정책을 실시했어요. 일본과 청에 사람을 보내 근대 문물을 살펴보았지요. 하지만 서양 문물을 빨리 받아들이자는 주장과 전통을 지키자는 주장이 충돌하기도 했어요.

조선은 개화 정책에 따라 1881년에 별기군이란 신식 군대를 만들었어요. 별기군은 일본인 교관으로부터 훈련을 받았어요. 구식 군대보다 대우도 훨씬 좋았어요. 당연히 구식 군대의 병사들은 불만이 많았지요. 구식 군대 병사들은 13개월이나 급료도 받지 못했어요. 그러다가 겨우 1개월분의 급료를 쌀로 받았는데, 모래와 겨가 잔뜩 섞여 있었어요.

1882년 6월, 구식 군대 병사들의 분노가 폭발해 반란이 일어났어요. 이들은 일본 공사관과 명성 황후를 찾아 궁궐로 몰려갔어요. 명성 황후에게 모든 책임이 있다고 생각했기 때문이에요. 그러나 명성 황후는 궁궐에서 이미 몸을 피했지요. 그러자 구식 군대의 병사들은 일본 교관을 비롯한 일본 사람들을 죽였어요. **이 사건을 '임오군란'이라고 해요.**

임오군란을 계기로 흥선 대원군이 다시 권력을 잡았어요. 명성 황후는 청에 도움을 요청했지요. 청은 군대를 보내 반란을 진압하고, 흥선 대원군을 청으로 데려갔어요. 명성 황후와 민씨 세력은 다시 권력을 잡았어요. 하지만 그 뒤 청군이 조선에 머물며 사사건건 간섭했어요.

한편, 일본은 구식 군대가 일본 공사관을 공격한 것을 빌미로 조선과 제물포 조약을 맺었어요. 이 조약에 따라 조선은 일본에 배상금을 지불하고, 일본 군대가 조선에 주둔할 수 있게 되었지요.

조선에서는 개화 정책을 둘러싸고 온건 개화파와 급진 개화파가 대립했어요. 온건 개화파는 개혁을 천천히 실시하자고 주장한 사람들이에요. 이들은 청을 따랐어요. 급진 개화파는 서양의 과학 기술뿐만 아니라 서양의 사상도 받아들여야 한다고 주장한 사람들이에요. 이들은 청의 간섭에서 벗어나고 싶어 했지요.

임오군란 이후 청은 사사건건 조선의 정치에 간섭했고, 고종과 명성 황후는 청의 요구를 모두 들어주었어요. 일본식 개화를 주장하는 급진 개화파들도 관직에서 쫓아냈지요. 급진 개화파의 불만은 점점 커졌어요. 급진 개화파는 온건 개화파를 몰아낼 기회를 노렸어요. 마침 기회가 왔어요. 1884년에 청이 베트남을 놓고 프랑스와 전쟁을 벌이면서 조선

에 있는 청의 군대 절반을 철수시켰어요. 이 틈을 타서 **급진 개화파가 난을 일으켰어요. 이것이 '갑신정변'이에요.**

급진 개화파의 목표는 조선을 근대 국가로 만드는 것이었어요. **급진 개화파는 고종과 명성 황후를 창덕궁에 모셔다 놓고 개혁 정강 14개조를 만들어 발표했어요.** 개혁 정강 14개조에는 청에 대한 조공을 폐지하고, 문벌을 폐지하며, 조세 제도 개혁 등을 하려는 조항이 있었지요.

갑신정변을 일으킨 지 사흘째 되던 날, 청의 군대가 창덕궁에 들이닥쳤어요. 청이 공격해 오면 급진 개화파를 돕겠다고 약속했던 일본은 아무런 도움을 주지 않았어요. **결국 갑신정변은 3일 만에 실패로 끝났지요.**

갑신정변 이후에 청의 간섭은 더 심해졌어요. 일본은 이번에도 자기들이 피해를 입었다며 배상금을 얻어 냈어요. 그러면서 따로 청과 텐진 조약을 맺었지요. 두 나라 중 한 나라가 조선에 군대를 보낼 일이 있으면 서로 미리 알려 주자는 내용이었어요.

동학 농민 운동이 일어났어요

갑신정변이 일어난 지 10년이 흐른 1894년이었어요. 전라북도 고부에서 농민들이 봉기를 일으켰어요. 고부 군수가 저수지가 있는데도 새 저수지를 쌓고는 물세를 거두는 등 횡포를 부리자 참다못한 농민들이 들고 일어난 거예요. 이때 봉기를 이끈 사람이 동학 교도인 전봉준이에요.

농민들은 고부 관아로 쳐들어가 아전들을 처벌하고, 창고에 쌓인 쌀을 꺼내 사람들에게 나누어 주었어요. 조선 정부에서는 고부 민란을 수습하러 관리를 내려보냈어요. 그런데 정부에서 내려온 관리는 오히려 농민들을 체포하고 재산을 빼앗는 등 횡포를 부렸지요.

몹시 분노한 전봉준은 농민군을 조직했어요. 농민군은 부안 관아를 쳐들어가고, 황토현 전투에서 정부군을 크게 물리친 뒤에 전주성까지 점령했어요. 농민군을 막을 수 없다고 판단한 정부는 청에 군대를 요청했어요. 청이 군대를 보내자 일본도 조선에 군대를 보냈어요. 왜 그랬을까요? 톈진 조약 때문이었지요.

농민군은 정부군에게 자신들이 내놓은 개혁안을 지켜 준다면 군대를 해산하겠다고 했어요. 농민들이 내놓은 개혁안을 '폐정 개혁안'

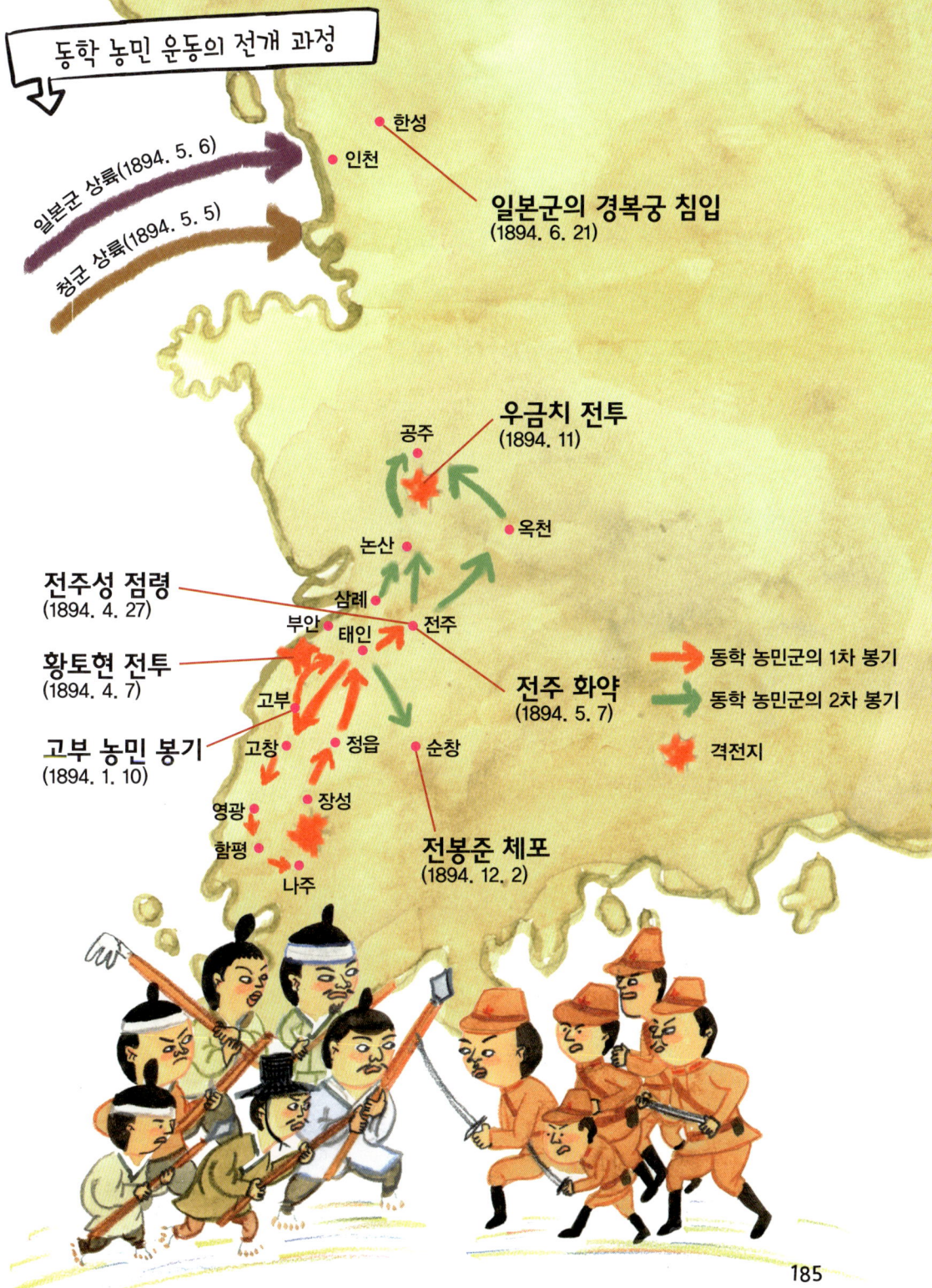

이라고 해요. 노비 문서를 불태우고, 토지를 균등하게 나누어 경작하게 하는 등의 내용이었어요. 정부는 농민군의 요구를 들어주었지요.

조선 정부는 청과 일본에게 군대를 철수시키라고 요구했어요. 그런데 **일본군은 오히려 경복궁을 침입하고, 청의 군대를 공격했어요. 청·일 전쟁이 일어난 거예요.** 이 소식을 들은 전봉준은 다시 농민군을 모았어요. **일본 군대를 조선에서 몰아내기 위해서였지요.** 농민군은 공주 우금치에서 일본군과 맞서서 20일이 넘도록 싸웠어요. 그러나 폭탄과 총알을 앞세운 일본군에게 지고 말았어요. 전봉준이 체포되었고, 농민군은 뿔뿔이 흩어졌어요. 이로써 동학 농민 운동은 끝이 났어요.

한편 청·일 전쟁은 8개월이나 계속되었어요. 기억하지요? **청·일 전쟁에서 일본이 승리했어요.** 두 나라는 1895년 3월에 '시모노세키 조약'을 맺었어요. 이 조약에 따라 일본이 청의 랴오둥 반도를 차지했지요. 그런데 일본은 랴오둥 반도를 금방 돌려주어야 했어요. 러시아, 독일, 프랑스가 일본이 랴오둥 반도를 차지하면 아시아의 평화가 깨진다며 랴오둥 반도를 다시 청에 돌려주라고 했기 때문이에요. 일본이 강해졌다고 해도 세 나라와 싸울 수는 없었어요. 일본은 랴오둥 반도를 내놓을 수밖에 없었지요. 이 사건을 '삼국 간섭'이라고 해요.

그 뒤 랴오둥 반도는 러시아가 빼앗아 갔어요. 이에 앙심을 품은 일본이 1904년에 러·일 전쟁을 일으켰지요. 러·일 전쟁에서도 일본이 러시아를 꺾었어요.

근대적 개혁이 실시되었어요

1894년 6월, 일본은 경복궁을 침입하고 민씨 세력을 몰아냈어요. 그리고 김홍집을 중심으로 새로운 내각을 만들었지요. 김홍집이 이끄는 내각은 근대화를 위한 여러 개혁을 실시했어요. 이것이 갑오년에 시작된 갑오개혁이에요. 김홍집 내각은 과거제와 신분제, 노비를 사고파는 제도를 모두 없앴어요.

일본은 청·일 전쟁에서 승리한 뒤 맺은 '시모노세키 조약'에서 청에게 조선이 완전한 자주독립국임을 인정하도록 했어요. 일본이 우리나라를 위해서 이 내용을 넣은 것은 아니었어요. 청이 조선에서 완전히 손을 떼게 해야 일본이 조선을 차지할 수 있기 때문이었지요.

청·일 전쟁에서 승리한 일본은 조선의 정치에 사사건건 간섭했어요. 일본은 갑신정변이 실패하고 일본에 가 있던 박영효를 불러들여 김홍집과 함께 내각을 다시 만들도록 했어요. 또 고종으로 하여금 홍범 14조를 반포하도록 했지요. 홍범 14조의 가장 중요한 내용은 청과 관계를 끊고, 왕실이 정치에 간섭하지 못하도록 한다는 것이었어요. 또 재판소를 설치하고, 근대식 교육을 실시하겠다고 발표했어요.

일본의 간섭은 점점 심해졌어요. **고종과 명성 황후는 삼국 간섭으로 일본이 랴오둥 반도를 청에 되돌려 준 것을 보고 러시아의 도움을 받기로 했어요.** 그래서 러시아와 친한 관리들에게 높은 자리를 주고, 일본과 친한 관리들은 멀리했어요.

일본은 명성 황후를 눈엣가시로 여겼어요. **1895년에 일본은 깡패들을 보내 명성 황후를 시해했어요.** 시해는 '부모나 왕을 죽일 때 쓰는 말'이에요. **이 사건이 '을미사변'이에요.** 명성 황후의 시해 소식이 알려지자 백성들은 크게 분노했어요.

을미사변 이후에 일본은 친일 내각을 다시 세우고 조선에 개혁을 강요했어요. 이 개혁이 '을미개혁'이에요. 음력 대신 양력을 쓰고, 상투를 자르고, 소학교를 세우는 것 등이 주요 내용이었지요. 그런데 상투를 자르라는 단발령은 큰 반발을 불러일으켰어요. 유학자들은 '목을 자를지언정 상투는 자를 수 없다'며 단발령을 거부했어요.

을미사변과 단발령 때문에 일본에 대한 분노가 커지면서 유학자들을 중심으로 항일 의병이 일어났어요. 항일 의병은 나중에 독립군으로 발전한답니다.

고종은 을미사변이 일어나자 경복궁에 갇혀서 지내야 했어요. 목숨을 잃을지도 모른다는 두려움에 떨었지요. **고종은 일본 몰래 경복궁을 떠나 러시아 공사관으로 몸을 피했어요. 이 사건을 '아관 파천'이라고 해요.** '아관'은 러시아 공사관을 뜻하고, '파천'은 왕이 궁궐을 떠나 다른 곳으로 피난 간다는 뜻이에요.

고종은 1년 후인 1897년에 러시아 공사관을 나와 경운궁으로 돌아왔어요. **그 후 고종은 대한 제국을 선포하고, 황제에 올랐어요.** 황제의 나라가 되면 청, 일본, 러시아 등과 어깨를 나란히 할 수 있다고 생각한 거예요.

일제 강점기가 시작되었어요

조선이 대한 제국으로 바뀌었지만 대한 제국은 스스로 나라를 지킬 힘이 없었어요. 일본을 비롯한 제국주의 열강들은 호시탐탐 대한 제국을 노렸어요. 고종이 러시아 공사관에 있는 동안에 러시아는 금을 캐낼 권리를 비롯해 이익이 큰 사업을 많이 가져갔어요. 그 후 철도를 놓는 등의 중요한 사업이 모두 다른 나라로 넘어갔지요.

일본과 러시아는 한반도와 만주 지역을 서로 차지하려고 계속 충돌했어요. 결국 1904년 2월에 일본이 청에 와 있는 러시아 군대를 공격하면서 전쟁이 터졌어요. 이 전쟁이 러·일 전쟁이에요. 서양 강대국은 러시아가 이길 것이라고 생각했어요. 하지만 일본의 승리였어요. 러시아는 한반도에서 손을 뗐어요. 영국과 미국은 일본의 조선 지배를 인정했지요. 조선의 의사는 묻지도 않았어요.

대한 제국은 러·일 전쟁이 시작되었을 때 중립을 지키겠다고 했어요. 그러나 일본은 이를 무시하고 1904년에 '한·일 의정서'를 맺었어요. 한·일 의정서에 따라 일본은 우리나라 어디든 마음대로 군대를 주둔시킬 수 있었어요. 전쟁에 필요한 시설도 지을 수 있었고, 대한 제국은 언제든지 일본을 도와야 한다고 했지요. 이어서 일본은 외교 고문과 재정 고문을 일본이 추천한 사람으로 앉혔어요. 이때 미국인 스티븐스가 외교 고문이 되었는데, 그는 대한 제국을 일본의 식민지로 만드는 데 크게 협력했어요. 이 때문에 전명운과 장인환의 총에 맞아 목숨을 잃었지요.

1905년에 일본은 이토 히로부미를 시켜 고종에게 '을사조약'에 서명하라고 강요했어요. 한마디로 대한 제국의 외교권을 일본에 넘기라는 것이었어요. 고종은 을사조약을 끝까지 거부했어요. 외교권을 일본

에 넘긴다는 것은 나라를 일본에 넘기라는 것과 같았기 때문이에요. 그런데 이완용을 비롯해 다섯 명의 대신이 을사조약에 찬성하자 이토 히로부미는 조약문에 도장을 마음대로 찍었어요. 강제로 맺은 조약을 '늑약'이라고 해요. 그래서 을사조약을 '을사늑약'이라고도 하지요. 이때 을사조약에 찬성한 다섯 명의 대신을 일컬어 '을사오적'이라고 해요. 을사오적은 이완용, 이지용, 박제순, 이근택, 권중현이에요.

을사조약이 체결되자 전국에서 우리 민족의 저항이 잇달았어요. 상인들은 문을 닫았고, 학생들은 휴학을 했어요. 조약이 체결된 날 장지연은 〈황성신문〉에 '시일야방성대곡'이라는 글을 실었어요. '이날을 목

놓아 통곡한다'라는 뜻이에요. 명성 황후의 친척인 민영환은 조약이 잘못된 것이라는 글을 남기고 스스로 목숨을 끊었어요. 최익현, 신돌석, 민종식 등 의병들도 일제히 들고일어났지요.

고종도 을사조약이 잘못된 조약이라는 사실을 세계에 알리려고 했어요. 네덜란드 헤이그에서 '만국 평화 회의'가 열린다는 사실을 알고는 이준, 이상설, 이위종을 특사로 보냈지요. 하지만 이들은 일본의 방해로 회의에 참석하지도 못했어요. 얼마 후 일본은 헤이그 특사 파견을 구실로 고종을 끌어내리고 순종을 황제 자리에 앉혔지요.

일본은 1907년에 다시 대한 제국을 협박해 '한·일 신협약'을 맺었어요. 한·일 신협약은 '정미 7조약'이라고도 해요. 그 후 장관 밑에 일본인 차관을 두도록 하고, 일본이 모든 나랏일을 간섭했어요. 곧이어 일본은 신문 등을 통해 일본을 비판할 수 없도록 만들었어요. 또한 경찰과 군대를 해산하고, 재판할 수 있는 권리도 빼앗아 갔지요.

그러자 대한 제국의 지식인들은 일본에 맞서려면 나라의 힘을 키워야 한다고 생각했어요. 이들은 학교를 세워 한글과 역사 등을 가르치고, 〈대한매일신보〉, 〈황성신문〉 등의 신문과 잡지를 통해 **국민을 계몽하고 애국심을 높이려고 했어요. 이런 활동을 '애국 계몽 운동'이라고 해요.** 애국 계몽 운동이 일본의 탄압으로 어려워지자 **안창호, 양기탁 등 민족 지도자는 '신민회'를 만들어 일본에 저항하는 다양한 사업을 했어요.** 일본은 갖은 방법으로 신민회를 탄압했지요. 그렇지만 신민회는 만주에 독립

운동 기지를 만들고, 독립군을 길러 내는 신흥 무관 학교를 세웠어요. **1909년에는 안중근 의사가 을사조약을 맺는 데 앞장섰던 이토 히로부미를 총으로 쏘아 죽였어요.**

1907년에 일본이 군대를 해산하자 전국에서 다시 의병이 들고일어났어요. 분노한 군인들도 의병에 들어가 일본과 싸웠지요. 일본은 다시는 의병이 일어날 수 없도록 철저하게 짓밟았어요. 그렇지만 의병은 저항을 멈추지 않았어요. **의병들은 만주나 연해주로 옮겨 갔어요. 우리나라가 일본의 식민지가 된 후에는 독립군이 되어 일본과 계속 싸웠지요.**

일본은 1905년부터 대한 제국을 근대화시킨다며 갖가지 이유를 대며 대한 제국의 힘으로 갚을 수 없는 빚을 일본에서 들여왔어요. 그러자 백성들이 나서서 일본의 빚을 갚자며 '국채 보상 운동'을 벌였어요. 일본은 이를 방해했고 안타깝게도 국채 보상 운동은 실패로 끝났지요.

이처럼 우리 민족은 끈질기게 일제에 저항했어요. **하지만 1910년 8월 29일에 '한·일 병합 조약'이 체결되고 말았어요. 이때부터 1945년 8월 15일에 해방을 맞을 때까지 우리 민족은 일본의 지배를 받았지요.**

일본은 대한 제국을 식민지로 만들고 헌병 경찰로 하여금 우리 민족을 철저하게 감시하고 못살게 굴었어요. 일본에 저항한 사람들은 감옥으로 끌려가 온갖 고초를 겪어야 했지요. 이를 '무단 통치'라고 해요.

1919년에 3·1 운동이 일어나자, 일본은 우리 민족의 정치 활동을 어느 정도 보장해 주었어요. 물론 우리 민족의 독립 의지를 꺾고, 친일파를 키워서 서로 이간질하려는 목적이었지요. 이를 '문화 통치'라고 해요.

일본은 1931년에 만주 사변을 일으키더니 1937년에 중·일 전쟁을, 1941년에는 태평양 전쟁을 일으켰어요. 중·일 전쟁 이후에 일본은 우리 민족을 전쟁에 동원하려고 '내선일체'를 주장했어요. 내선일체는 '일본과 조선은 하나'라는 뜻이에요. 일본은 전쟁에 필요한 물자를 빼앗고, 우리나라의 젊은이들을 전쟁터로 끌고 갔지요. 이밖에도 일본은 우리 민족의 성과 이름을 일본식으로 바꾸고, 일본 왕에게 충성 맹세를 하도록 강요했어요. 우리 민족의식을 완전히 뿌리 뽑겠다는 생각이었던 거예요. 이를 '민족 말살 정책'이라고 해요.

우리 민족은 끊임없이 독립운동을 벌였어요

　제2차 세계 대전에서 일본이 패배하면서 우리 민족은 광복을 맞았어요. 광복은 저절로 이루어진 것이 아니에요. 우리 민족은 나라를 되찾기 위해 끊임없이 일본에 저항했고, 국제 사회에 도움을 호소했어요. 이런 노력이 없었다면 우리 민족은 나라를 되찾지 못했을 거예요.

　제1차 세계 대전이 끝날 무렵, 미국의 윌슨 대통령은 '민족 자결주의'를 발표했어요. 기억하지요? 민족 자결주의는 식민지 민족의 운명은 그들 자신이 결정할 수 있다는 내용이에요. 우리 민족도 광복의 희망을 찾았지요. 1919년 2월 1일에 만주에 있는 독립운동가들이 독립을 선언했어요. 2월 8일에는 일본의 수도 도쿄에서 한국 유학생들이 독립 선언을 했어요. 3월 1일에는 우리나라 전 지역에서 3·1 운동이 일어났지요. 3·1 운동은 거의 100일 동안이나 이어졌지만 안타깝게도 실패했어요.

　그러나 성과가 없었던 건 아니에요. 우리에게도 정부가 필요하다는 사실을 깨달았거든요. 마침내 **1919년 4월 13일에 대한민국 임시 정부가 상하이에 세워졌어요.** 비록 중국에 세워지기는 했지만 우리나라 역사에서 처음으로 민주 공화제 정부가 탄생한 거예요.

1920년대에 나라 안팎에서는 독립 투쟁이 무척 활발했어요. 먼저 나라 안에서 어떤 독립운동이 벌어졌는지 살펴볼까요?

1923년에는 '물산 장려 운동'이 일어났어요. 우리 기업이 만든 물건을 많이 써서 우리 기업을 보호하고 성장시키자는 운동이었어요. 하지만 물산 장려 운동은 크게 성공하지는 못했어요.

순종 장례식이 있었던 1926년에는 6·10 만세 운동이 일어났어요. 6·10 만세 운동은 일본이 철저하게 감시했기 때문에 전국으로 퍼져 나가지는 못했어요. 하지만 **6·10 만세 운동을 준비했던 독립운동가들이 이듬해 '신간회'를 만들었어요.** '신간'은 새로 돋은 줄기란 뜻으로, 여러 조직을 한데 모아 새로운 싹을 틔운다는 의지를 담고 있었어요. **사회주의자와 민족주의자가 힘을 합친 신간회는 일제 강점기에 만들어진 독립운동 단체 가운데 가장 큰 단체였어요.** 신간회는 일본의 감시에도 전국에 지

회를 만들고, 강연회와 연설회를 통해 일본의 식민 통치에 맞섰어요.

1929년에는 광주에서 시작된 광주 학생 항일 운동이 전국으로 퍼졌어요. 광주 학생 항일 운동은 일본인 학생과 한국인 학생의 다툼을 조사하던 경찰이 한국 학생에게만 벌을 주면서 시작되었어요. 한국 학생들은 '민족 차별을 하지 말라'며 광주 시내에서 시위를 했지요. 광주 학생 항일 운동은 신간회의 도움을 받아 전국으로 퍼져 나갔고, 1930년까지 이어졌어요. 3·1 운동 이후에 일어난 가장 큰 독립운동이었지요. 그런데 광주 학생 항일 운동을 지휘하던 신간회의 지도자들이 일본 경찰에게 잡혀 들어갔어요. 결국 1931년에 신간회는 문을 닫고 말았어요.

이제 눈을 돌려 1920년대의 나라 밖 독립운동을 살펴볼까요? 먼저, 중국의 상하이에 있는 대한민국 임시 정부의 활동을 살펴볼게요.

대한민국 임시 정부는 나라 안의 독립운동가들과 꾸준히 연락했어요.

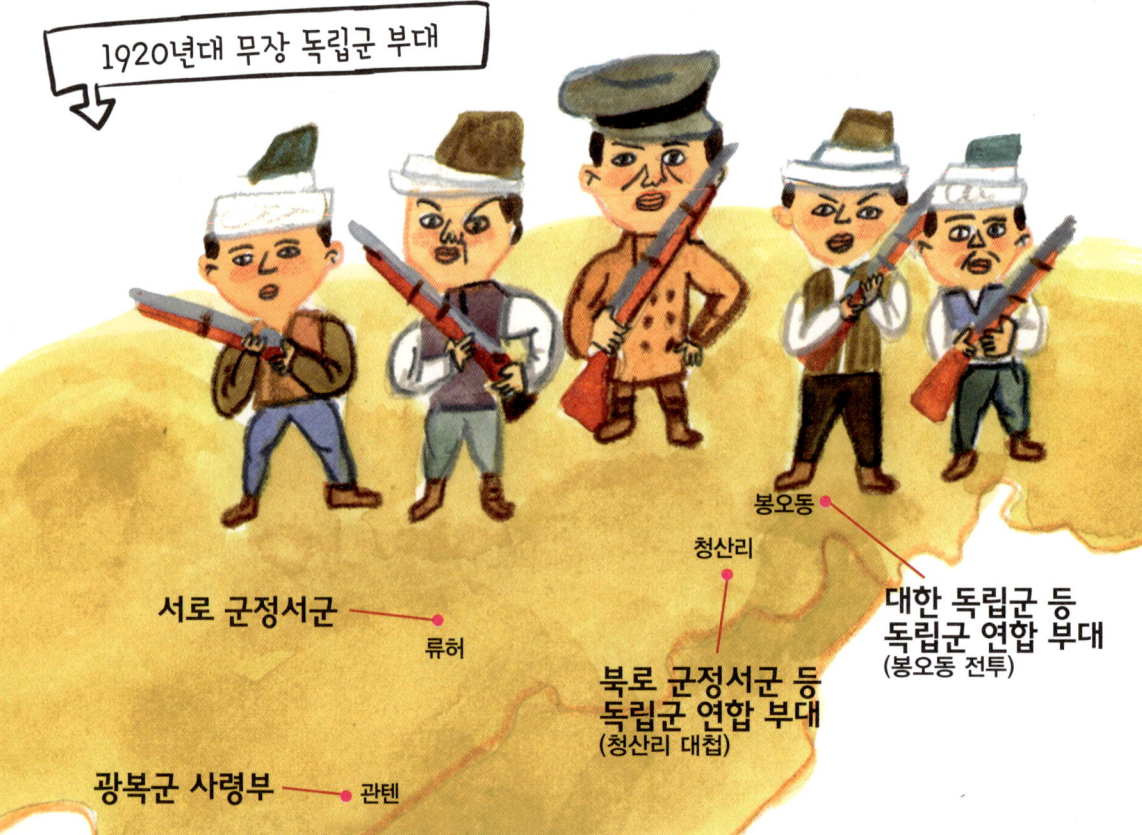

우리나라의 행정 구역을 정비했는데, 전국을 9개의 도로 나누었지요. 또 **임시 정부는 외교 활동에 힘을 쏟았어요.** 미국, 프랑스 등 서양 강대국의 도움을 받으면 독립할 수 있다고 생각한 거예요. 물론 일본의 방해가 심해서 어려움이 많았어요.

1920년대에는 독립군이 일본군과 치열하게 전투를 벌였어요. 연해주와 만주에는 우리나라 사람들이 마을을 이루고 살았는데, 이곳을 중심으로 수많은 독립군 부대가 세워졌지요. 독립군은 일본과 싸워 여러 차례 승리를 거두었어요. 그중 봉오동 전투와 청산리 대첩이 아주 중요해요.

1920년 6월에 홍범도 장군은 봉오동 골짜기에서 일본군을 격파했어요. 봉오동 전투에서 패한 일본군은 군인 5000명을 이끌고 독립군 토벌에 나섰어요. **김좌진 장군과 홍범도 장군은 힘을 합쳐 청산리에서 일본군을 크게 격파했어요.** 두 전투에서 죽은 일본군만 1000명이 넘었지요. 일본은 청산리 전투에서 패한 뒤, 간도 지방에 있는 우리나라 사람들이 세운 마을을 불태우고 우리 동포를 마구 죽였어요. 이때 목숨을 잃은 사람만 6000명이 넘어요. 그 뒤 독립군 활동은 주춤할 수밖에 없었어요.

한편, 독립운동 단체 중에는 일제 식민지 통치 기관을 폭파하거나 일본인 고위 관리와 친일파를 암살하는 활동을 하는 단체가 있었어요. 그중 하나가 의열단이에요. **의열단 단원들은 목숨을 걸고 조선 총독부, 종로 경찰서, 동양 척식 회사 같은 시설에 폭탄을 던졌어요.** 일본 도쿄에서는 왕이 머무는 궁궐에 폭탄을 던지기도 했지요.

1930년대로 접어든 후 일제는 만주 사변과 중·일 전쟁을 일으키며 중국을 침략하기 시작했어요. 일본은 식민지를 넓히는 데 물불을 가리지 않았어요. 그러니 독립군이 활동하기가 아주 어려웠지요. 나라 안도 마찬가지였고, 독립군의 근거지였던 중국에서도 마찬가지였어요. 독립운동가들은 1930년대 이후로는 더욱더 목숨을 걸고 투쟁해야 했어요.

1932년 1월, 한인 애국단의 단원인 이봉창이 일본 도쿄에서 일본 왕의 행렬에 폭탄을 던지고 태극기를 꺼내 '대한 독립 만세'를 외쳤어요. 1932년

4월에는 윤봉길이 중국 상하이 훙커우 공원에서 폭탄을 터뜨려 일본군 대장을 죽였어요. 윤봉길도 이봉창처럼 대한민국 임시 정부가 조직한 한인 애국단의 단원이었어요. 당시 중국의 지도자 장제스는 '4억 명의 중국인이 해내지 못한 일을 한 명의 한국인이 해냈다'며 윤봉길을 크게 칭찬했어요.

독립군 부대도 여러 개 생겨났어요. 한국 독립군, 조선 혁명군, 동북 항일연군, 조선 의용대, 한국 광복군 등이 세워졌어요. 그중 한국 광복군은 대한민국 임시 정부가 우리 힘으로 광복을 맞기 위해 세운 독립군이

었어요. 1941년에 태평양 전쟁이 일어나자 대한민국 임시 정부는 일본에 선전 포고를 하고 한국 광복군이 연합군과 함께 인도, 미얀마 등지에서 활동할 수 있게 했어요. 한국 광복군은 1945년에 우리나라로 들어오려고 준비했지만 일본이 그보다 먼저 항복하는 바람에 실행되지 못했지요.

일제 강점기를 공부해야 해요

일제 강점기는 우리 민족에게 기억하고 싶지 않은 역사일 수도 있어요. 하지만 기쁘고 즐거운 일만 역사가 아니에요. 때로는 힘들었던 시절도 잊지 말아야 해요. 그 역사에서 배울 수 있는 교훈이 적지 않거든요.

일본에서는 자기들이 **일제 강점기 때 우리 민족에게 도움을 주었기 때문에 우리 민족이 근대화를 이룰 수 있었다고 주장해요. 이것이 '식민 사관'이에요.** 이런 역사관을 가진 학자들을 식민 사학자라고 하지요. 그렇지만 **식민 사관은 터무니없는 역사관이에요.** 왜 식민 사관이 엉터리인지 알려 줄게요.

일본은 우리 농촌이 일본의 도움으로 근대화가 되었다고 주장해요. 일본은 조선을 강제로 합치면서 토지 조사 사업을 벌였어요. 전국에 토지가 얼마나 있고, 그 토지의 주인이 누구인지를 가려내는 작업이었지요. 일본은 토지 조사 사업을 벌인 결과 농촌이 훨씬 근대적으로 바뀌었다고 주장했어요. 정말 그럴까요? 아니에요. 토지 조사 사업으로 농사를 지을 수 있는 땅인 농지의 40퍼센트(%) 이상을 일본 사람이 가져갔어요. 나머지 농지의 대부분은 친일파 지주가 가져갔지요. 대부분의 농민은 땅을 잃었고, 남의 땅을 빌려 농사짓는 신세가 되었어요. 그 때문에 일제 강점기 때 우리 농촌 경제는 무너졌어요.

일본은 우리나라의 철도와 도로, 항만을 일본이 건설했다고 주장해요. 이런 시설이 있어야 산업이 발전하기 때문에 도로와 철도, 항만 등을 사회 간접 자본이라고 하지요. 물론 사회 간접 시설을 일본이 만든 것은 어느 정도 사실이에요. 그러나 **일본이 철도, 도로, 항만을 건설한 것은 우리 민족에게 도움을 주려는 목적이 아니었어요. 일본 공산품을 우리나라에 들여오고, 우리의 농산물을 일본으로 쉽게 가져가기 위해서였어요.** 또 중국과 전쟁을 벌일 때 군사 물자를 빨리 전쟁터로 옮기려고 만든 것이지요. 게다가 일본은 철도, 도로, 항만을 건설하면서 많은 돈을 벌었어요. 그만큼 우리 민족은 고통을 받았어요. 일본이 한국의 근대화를 위해 사회 간접 자본을 늘렸다는 것은 말도 안 되는 소리예요.

이것 말고도 어이없는 주장이 있어요. 우리 민족이 일본 사람들보다 수준이 낮기 때문에 일본의 도움으로 우리나라가 근대화되었다는 주장이에요. 이 또한 사실이 아니에요. 일본은 조선 교육령이란 것을 발표하면서 우리 민족이 대학을 다니지 못하도록 했어요. 오로지 기술 교육만 받도록 했지요.

일본은 왜 우리 민족이 수준 높은 교육을 받지 못하도록 한 걸까요? 우리나라 사람들의 민족정신을 억누르기 위해서였어요. 그렇지만 우리 민족은 이를 그대로 받아들일 민족이 아니지요. 1920년대에 우리 대학 설립 운동이 벌어졌다는 점도 기억해 두세요.

다시 말하지만 **우리 민족은 스스로 발전하고, 스스로 근대화를 이룰 힘도 있었고 의지도 충분했어요. 이미 19세기 말부터 우리 민족의 근대 의식은 쑥쑥 발전하고 있었지요.** 19세기 말에 열린 만민 공동회에는 평범한 백성이 많이 참여하여 언론과 집회의 자유 같은 민주주의 사상을 주장했어요.

이뿐만 아니라 육영 공원, 원산 학사, 배재 학당, 이화 학당 같은 근대 교육 기관들도 속속 들어섰어요. 그밖에 신식 무기를 만드는 기기창, 돈을 만드는 전환국, 우편 업무를 하는 우정총국, 전신 업무를 하는 한성 정보 총국 등을 만들고 새로운 문물을 받아들여 근대 사회로 바뀌고 있었지요.

이제 식민 사관이 얼마나 허무맹랑한지 알겠나요? 암울한 역사라도 제대로 이해해야 하는 이유를 알 수 있을 거예요.

지금까지 19세기 말에서 20세기 중반까지의 세계 역사를 살펴보았어요. 불과 100년 정도 전의 이야기예요. 재미있었나요? 그럼, 다음 권에서 또 만나요.

지도 위 세계사
서울, 강화, 인천, 군산에서 만나는 개화기

강화도 조약 이후 우리나라에 외국 문물이 들어오기 시작했어요.
주로 개항지와 서울에 그 흔적이 많이 남아 있어요.
서울의 정동, 강화, 인천, 군산에 남아 있는 개화기 모습을 찾아보아요.

강화도

강화도는 한강 하구에 있어 관문 역할을 하다 보니 외세의 침입을 자주 받았어요. 그만큼 외국 문물도 빨리 들어왔지요. 강화읍에 있는 성공회 성당은 한옥 구조에 서양 건축의 구조를 더해 지은 건물로, 우리나라에서 가장 오래된 한옥 성당이에요.

일본 점포 겸용 주택

인천

인천은 부산, 원산과 함께 우리나라에서 가장 먼저 개항된 세 곳 중 하나예요. 일본, 중국, 서양인들이 몰려들어 마을을 이루고 살았지요. 특히 일본이 조선을 침탈하기 위해 발판으로 삼은 은행, 관공서 등이 많이 남아 있어요.

구 일본 제일 은행 인천 지점(현재 개항 박물관)

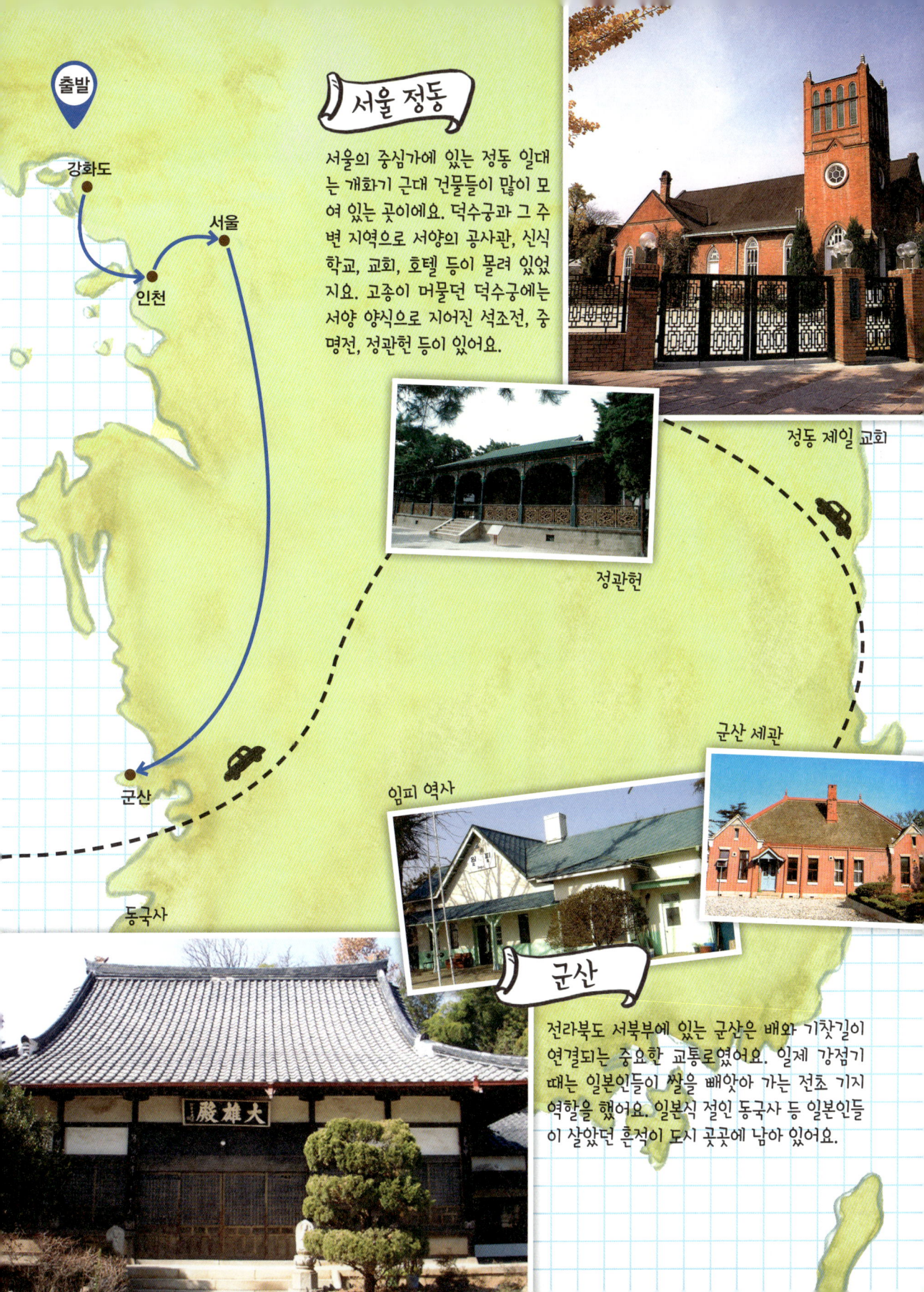

서울 정동

서울의 중심가에 있는 정동 일대는 개화기 근대 건물들이 많이 모여 있는 곳이에요. 덕수궁과 그 주변 지역으로 서양의 공사관, 신식 학교, 교회, 호텔 등이 몰려 있었지요. 고종이 머물던 덕수궁에는 서양 양식으로 지어진 석조전, 중명전, 정관헌 등이 있어요.

정동 제일 교회

정관헌

군산 세관

임피 역사

군산

전라북도 서북부에 있는 군산은 배와 기찻길이 연결되는 중요한 교통로였어요. 일제 강점기 때는 일본인들이 쌀을 빼앗아 가는 전초 기지 역할을 했어요. 일본식 절인 동국사 등 일본인들이 살았던 흔적이 도시 곳곳에 남아 있어요.

동국사

세계사 정리 노트

지금까지 제국주의와 파시즘, 그리고 세계 대전에 대해 이야기했어요. 19세기부터 20세기 중반까지 세계는 두 번의 큰 전쟁을 치렀어요. 또한 과학 기술이 눈부시게 발달하여 세상이 크게 바뀌었지요. 제국주의와 파시즘, 그리고 세계 대전을 배울 때 나오는 지역, 인물, 사건 등을 정리해 보아요.

정리 1 세계사 속 중요 지역

- **마지노선** 제1차 세계 대전 후에 프랑스가 독일을 막기 위해 국경에 만든 군사 방어 시설이에요.
- **발칸 반도** 유럽 대륙 동남부에 있는 반도예요. 서유럽 나라들이 아시아로 나아갈 수 있는 길목이었어요. 19세기에 러시아는 발칸 반도를 차지하려고 발칸 반도를 지배하던 오스만 제국과 오랫동안 싸웠어요.
- **발트 3국** 발트 해 동쪽 연안에 있는 에스토니아, 라트비아, 리투아니아의 세 공화국을 통틀어 이르는 말이에요.
- **섬터 요새** 미국 사우스캐롤라이나 주에 있는 군사 방어 시설이에요. 남부 연합군이 이곳을 폭격하면서 남북 전쟁이 시작되었어요.
- **수에즈 운하** 이집트 동북부에 있는 지중해와 홍해를 연결하는 운하예요. 아시아와 유럽을 잇는 가장 짧은 항로예요.
- **아우슈비츠** 폴란드에 있는 도시예요. 제2차 세계 대전 때 나치의 강제 수용소가 설치되어 수백만 명의 유대 인과 폴란드 인이 학살된 곳이에요.

- **할리우드** 미국 캘리포니아 주 로스앤젤레스 서북쪽에 있는 지역이에요. 영화 제작이 활발해 세계 영화의 중심지로 유명해요.

정리 2 세계사 속 중요 인물

- **고종** 조선의 제26대 왕이에요. 1897년에 나라 이름을 '대한'으로 고치고 황제라고 칭했어요. 1907년에 헤이그 밀사 사건을 구실로 삼은 일본의 강압으로 물러났어요. 재위 기간은 1863년~1907년이에요.
- **고틀리프 다임러** 독일의 기계 기술자예요. 고속 가솔린 기관을 발명해 가솔린 자동차를 만들었어요.

고종

- **김홍집** 구한말의 정치가예요. 내각 총리대신이 되어 〈홍범 14조〉를 발표하고, 갑오개혁을 주도했어요.
- **니콜라이 2세** 제정 러시아의 마지막 황제예요. 1917년 2월 혁명으로 황제 자리에서 물러났어요. 재위 기간은 1894년~1917년이에요.
- **드와이트 아이젠하워** 미국의 제34대 대통령이에요. 제2차 세계 대전 중에 유럽 연합군 최고 사령관을 맡았어요. 재임 기간은 1952년~1961년이에요.
- **라이트 형제** 미국의 기술자인 윌버 라이트와 오빌 라이트 형제를 이르는 말이에요. 세계 최초로 동력 비행기를 만들어 하늘을 날았어요.
- **로버트 리** 미국 남북 전쟁 때 남군 총사령관이었어요. '남부의 영웅'이라 불렸으며 전쟁이 끝난 뒤 워싱턴 대학 총장을 맡기도 했어요.
- **로버트 피어리** 미국의 탐험가예요. 1909년에 처음으로 북극점에 도달했어요.

- **로버트 스콧** 영국의 탐험가예요. 1912년 1월에 남극점에 도달했으나 돌아오는 길에 목숨을 잃었어요.
- **로알 아문센** 노르웨이의 탐험가예요. 1911년 12월에 최초로 남극점에 도달했어요. 1926년에는 비행선으로 북극을 처음 횡단했어요.
- **뤼미에르 형제** 프랑스의 발명가인 오귀스트 뤼미에르와 루이 뤼미에르 형제를 이르는 말이에요. 시네마토그래프를 발명해 사람들 앞에서 처음으로 영화를 상영했어요.
- **마오쩌둥** 중국의 정치가예요. 1949년에 공산 정권을 세우고 초대 국가 주석을 지냈어요. 1966년에 문화 대혁명을 일으켰어요.

마하트마 간디

- **마하트마 간디** 인도의 민족 운동 지도자예요. 무저항·불복종·비폭력·비협력주의를 내걸고 인도의 독립 운동을 이끌었어요. 1948년에 힌두교 청년에게 암살되었어요.
- **매슈 페리** 미국의 군인이에요. 동인도 함대 사령관으로 1854년에 일본과 미·일 화친 조약을 맺었어요.
- **메이지 왕** 일본의 제122대 왕이에요. 메이지 유신을 통해 일본의 근대화를 이끌었어요. 재위 기간은 1867년~1912년이에요.
- **명성 황후** 조선 고종의 왕비로, 이름은 민자영이에요. 갑오개혁 후에 친러시아 정책을 수행하다가 일본 자객의 손에 목숨을 잃었어요.
- **무스타파 케말** 터키의 초대 대통령이에요. 1923년에 터키 공화국을 세우고 근대화 정책을 추진했어요. 재임 기간은 1923년~1938년이에요.
- **박영효** 구한말의 친일 정치가예요. 갑신정변을 일으켰다가 실패해 일본으

로 망명했어요. 갑오개혁 때 귀국해서 김홍집 내각의 대신을 지냈어요.
- **베니토 무솔리니** 이탈리아의 정치가예요. 파시스트당을 만들고, 1922년에 정권을 잡아 독재 체제를 만들었어요. 제2차 세계 대전에 참전했으나 패했어요.
- **베이브 루스** 미국의 프로 야구 선수예요. 강타자로서 1927년에 한 시즌 홈런 60개의 기록을 세웠어요.
- **블라디미르 레닌** 소련의 혁명가예요. 소련 공산당을 만들고 러시아 혁명을 이끌었어요. 1922년에 소비에트 사회주의 공화국 연방을 건설했어요.
- **빌헬름 1세** 프로이센의 왕이자 독일의 제1대 황제예요. 비스마르크를 등용해 독일 통일을 완성했어요. 재위 기간은 1861년~1888년이에요.
- **빌헬름 2세** 프로이센의 왕이자 독일의 제2대 황제예요. 제1차 세계 대전에서 패한 뒤 독일 혁명이 일어나자 황제에서 물러났어요. 재위 기간은 1888년~1918년이에요.

빌헬름 2세

- **샤를 드골** 프랑스의 군인이자 정치가예요. 제2차 세계 대전 때 런던에 망명 정부를 세우고 레지스탕스를 이끌었어요. 1959년에서 1969년까지 프랑스 대통령을 지냈어요.
- **서태후** 중국 청나라 제9대 황제인 함풍제의 황후예요. 함풍제가 죽자 어린 동치제와 광서제를 대신해 나라를 다스렸어요.
- **선통제** 중국 청나라의 마지막 황제예요. 이름은 푸이예요. 신해혁명으로 물러났으며, 후에 일본이 세운 만주국의 황제가 되었어요. 재위 기간은 1908년~1912년(청), 1934년~1945년(만주국)이에요.

- **쑨원** 중화민국의 정치가예요. 신해혁명 후에 임시 대총통으로 추대되었으나, 위안스카이에게 양보했어요. 삼민주의 정치를 내세웠으며, 나중엔 중국 국민당을 조직해 혁명을 추진했어요.
- **아돌프 히틀러** 독일 정치가예요. 나치당의 당수로, 반유대주의와 게르만 민족의 우월성을 내세워 제2차 세계 대전을 일으켰어요.

안중근

- **안중근** 우리나라 독립운동가예요. 학교를 세우고 인재를 기르다가 1907년에 연해주로 망명해 의병 운동에 참가했어요. 1909년, 만주의 하얼빈 역에서 이토 히로부미를 총으로 쏘아 죽였어요.
- **안토니오 무치** 이탈리아의 발명가예요. 2002년에 미국 의회에서 최초의 전화기 발명자로 공식 인정받았어요.
- **알렉산더 그레이엄 벨** 미국 과학자이자 발명가예요. 자석식 전화기를 발명해 1876년에 가장 먼저 특허를 받았어요.
- **알렉산드르 2세** 제정 러시아의 황제예요. 농노를 해방하는 등 근대적인 개혁을 했으나 후에 탄압 정치를 했어요. 재위 기간은 1855년~1881년이에요.
- **알베르트 아인슈타인** 독일에서 태어난 미국의 이론 물리학자예요. '특수 상대성 원리', '일반 상대성 원리' 등을 발표해 현대 물리학의 체계를 세웠어요. 1921년에 노벨 물리학상을 받았어요.
- **알프레드 노벨** 스웨덴의 화학자이자 발명가예요. 다이너마이트, 무연 화약 등을 발명했고 노벨상을 만들었어요.
- **압둘 마지드** 오스만 제국의 제31대 술탄이에요. 개혁 정책인 탄지마트를 시행해 근대화를 이루려 했어요. 재위 기간은 1839년~1861년이에요.

- **압둘하미드 2세** 오스만 제국의 제34대 술탄이에요. 서구 열강에 맞섰지만 전제 정치를 통해 수많은 사람을 죽여 '붉은 술탄'으로 불렸어요. 재위 기간은 1876년~1909년이에요.
- **에이브러햄 링컨** 미국의 제16대 대통령이에요. 남북 전쟁에서 북군을 이끌고 노예 해방을 선언했어요. 게티즈버그에서 행한 연설이 유명해요. 재임 기간은 1861년~1865년이에요.

에이브러햄 링컨

- **오토 폰 비스마르크** 독일의 정치가예요. 1862년에 프로이센의 수상이 되었어요. 강력한 부국강병책을 써서 1871년 독일 통일에 도움을 주었어요.
- **우드로 윌슨** 미국의 제28대 대통령이에요. 제1차 세계 대전에 참전했어요. 전쟁 후에 국제 연맹 창설을 이끌고 민족 자결주의 원칙을 제시했어요. 1919년에 노벨 평화상을 받았어요. 재임 기간은 1913년~1921년이에요.
- **위안스카이** 중국의 정치가예요. 신해혁명 후 대총통에 올랐어요. 1916년에 황제가 되려다 반대에 부딪쳐 정치에서 물러났어요.
- **윈스턴 처칠** 영국의 정치가예요. 영국의 수상이 되어 제2차 세계 대전을 승리로 이끌었어요. 글쓰기에 뛰어나 〈제2차 세계 대전 회고록〉으로 1953년에 노벨 문학상을 받았어요.
- **윤봉길** 우리나라 독립운동가예요. 1932년 훙커우 공원에서 열린 일본 왕의 생일 기념 행사장에 폭탄을 던져 일본인 대장을 죽였어요.
- **을사오적** 1905년에 강제로 을사조약을 맺을 때 조약에 찬성해 서명한 다섯 대신이에요. 외부대신 박제순, 내부대신 이지용, 군부대신 이근택, 학부대신 이완용, 농상공부대신 권중현이에요.

- **이봉창** 우리나라 독립운동가예요. 1932년 1월에 일본 왕 히로히토에게 수류탄을 던졌으나 실패하고 잡혔어요.
- **이토 히로부미** 일본의 정치가예요. 1905년에 을사조약을 강제로 맺게 하고 초대 조선 통감이 되었어요. 1909년, 하얼빈 역에서 안중근 의사의 총에 맞아 목숨을 잃었어요.
- **이홍장** 중국 청나라의 정치가예요. 양무운동의 중심인물로 군대와 산업의 근대화에 힘썼으나, 청·일 전쟁에서 패하자 물러났어요.
- **장제스** 중국의 군인이자 정치가예요. 중화민국의 초대 총통이 된 뒤 중국 공산당과의 전투에 패해 정부를 타이완으로 옮겼어요.
- **장지연** 조선 고종 때의 언론인이에요. 을사조약이 맺어지자 〈황성신문〉에 '시일야방성대곡'이라는 사설을 썼어요.
- **전봉준** 조선 후기 동학 농민 운동의 지도자예요. 고부 군수 조병갑의 수탈에 반발해 봉기를 일으켰는데 이것이 동학 농민 운동으로 이어졌어요. 우금치 전투에서 크게 패한 후에 잡혀서 처형되었어요.
- **제퍼슨 데이비스** 미국의 남북 전쟁 때 남부 연합의 대통령이었어요.
- **주세페 가리발디** 이탈리아의 장군이자 정치가예요. 이탈리아 통일 전쟁에서 '붉은 셔츠대'를 조직해 시칠리아 섬을 치는 등 크게 활약했어요.
- **주세페 마치니** 이탈리아의 통일 운동 지도자예요. 1831년에 청년 이탈리아 당을 만들어 이탈리아를 공화 정치로 통일할 것을 호소했어요.
- **찰리 채플린** 미국의 배우이자 감독이에요. 독특한 분장과 가난한 민중의 정의감과 비애감에 바탕을 둔 날카로운 사회 풍자로 명성을 얻었어요.
- **찰스 다윈** 영국의 생물학자예요. 생물의 진화를 주장하고, 1858년에 자연 선택설을 발표했어요. 저서에 〈종의 기원〉이 있어요.

- **찰스 린드버그** 미국의 비행기 조종사예요. 1927년에 최초로 혼자 대서양을 한 번도 땅에 내리지 않고 비행했어요.
- **최익현** 구한말의 학자이자 애국지사예요. 갑오개혁 때 단발령에 반대했어요. 을사조약이 맺어지자 의병을 일으켰어요.
- **카를 벤츠** 독일의 기술자예요. 소형 고속 엔진을 연구해 자동차를 만들었으며, 벤츠사를 세웠어요.
- **카밀로 카보우르** 이탈리아의 정치가예요. 사르데냐를 중심으로 점진적 통일을 추진했어요. 1861년에 이탈리아가 통일하면서 초대 수상이 되었어요.
- **캉유웨이** 중국 청나라 말기에서 중화민국 초기의 정치가예요. 개혁을 계획했으나 서태후를 비롯한 보수파에 밀려 실패했어요.
- **토머스 에디슨** 미국의 발명가예요. 백열전등, 축음기, 영화 촬영기 등 1300여 개의 특허를 얻어 발명왕이라 불려요.
- **프랭클린 루스벨트** 미국의 제32대 대통령이에요. 뉴딜 정책을 추진해 대공황을 극복했어요. 재임 기간은 1933년~1945년이에요.
- **플로렌스 나이팅게일** 영국의 간호사예요. 크림 전쟁 때 종군 간호사로 활약했으며, 병원과 의료 제도 개선에 힘썼어요.
- **홍수전** 중국 청나라 말기 태평천국의 창시자예요. 태평천국을 세워 스스로 천왕이라 일컫고 청나라를 무너뜨리려고 했으나 실패했어요.
- **흥선 대원군** 조선 후기의 왕족이자 정치가예요. 이름은 이하응으로 고종의 아버지예요. 12세에 왕이 된 고종 대신 나라를 다스리고, 통상 수교 거부 정책을 펼쳤어요.

흥선 대원군

정리 3 세계사 속 중요 조직

- **국제 연합(UN)** 제2차 세계 대전 후인 1945년 10월 24일에 만든 국제 평화 기구예요. 국가 간에 생겨난 갈등을 조절하고, 싸움이 있는 지역에는 평화 유지군을 보내는 등 전쟁을 막고 세계 평화와 안전을 유지하려 노력해요.
- **나치당** 히틀러를 당수로 한 독일의 파시스트당이에요. 나치스라고도 해요. 독일 민족 지상주의와 강력한 국가주의를 바탕으로 1939년에 제2차 세계 대전을 일으켰어요.
- **대한민국 임시 정부** 1919년 4월에 중국 상하이에서 이승만, 김구 등을 중심으로 대한민국의 광복을 위해 임시로 만든 정부예요. 광복 때까지 항일 민족 운동의 중심 기관이었어요.
- **소비에트** 소련에서 노동자·농민·병사의 대표자가 구성한 평의회예요. 러시아 혁명 당시부터 의회를 대신하는 권력 기관이 되었어요.
- **발칸 동맹** 1912년에 러시아의 주도로 불가리아·세르비아·그리스·몬테네그로가 맺은 방어 동맹이에요. 오스만 제국에 대한 공동 방어와 마케도니아 구출이 목적이었어요.
- **볼셰비키** 사회주의 혁명을 목표로 만들어진 러시아 사회 민주 노동당에서 레닌을 지지한 급진파를 이르던 말이에요. 볼셰비키는 다수파라는 뜻이에요. 1917년 혁명이 성공한 후에 러시아 공산당으로 이름을 바꾸었어요.
- **삼국 동맹** 1882년에 독일의 비스마르크가 오스트리아, 이탈리아와 맺은 비밀 군사 동맹이에요. 이탈리아는 제1차 세계 대전이 일어나자 탈퇴했어요.
- **삼국 협상** 1907년에 이루어진 프랑스, 영국, 러시아의 동맹 관계예요. 삼국 동맹의 위협에 대항하기 위해 이루어졌어요.

- **신간회** 1927년에 만든 독립운동 단체예요. 민족주의와 사회주의 두 진영이 하나로 협력해 일제와 싸울 목적으로 만들었어요. 일제 강점기의 독립운동 단체 중 가장 규모가 컸어요.
- **신민회** 1907년에 안창호가 양기탁 등과 함께 국권 회복을 목적으로 만든 항일 비밀 결사 단체예요.
- **의열단** 1919년에 중국 지린 성에서 조직한 항일 무장 독립운동 단체예요. 일본 관리 암살과 관공서 폭파 등 과격하고 급진적인 폭력 투쟁을 벌였어요.
- **인민 전선** 유럽에서 파시즘과 전쟁에 반대하는 사람들이 만든 정당이나 단체 같은 정치 집단을 말해요.
- **추축국** 제2차 세계 대전 때에 일본, 독일, 이탈리아가 맺은 삼국 동맹을 지지해 연합국과 대립한 나라들을 말해요.
- **파리 코뮌** 1871년 프로이센과 프랑스 전쟁에서 프랑스가 패배한 뒤 파리에서 일어난 사회주의 정부예요. 72일 만에 정부군에게 붕괴되었어요.
- **한국 광복군** 일제 강점기에, 우리나라의 독립을 위해 대한민국 임시 정부가 만든 군대예요. 1940년에 국민당 정부의 임시 수도인 충칭에서 조직되었어요.

정리14 세계사 속 중요 사건

- **갑신정변** 1884년에 김옥균, 박영효 등의 급진 개화파가 청의 내정 간섭을 벗어나고 혁신적인 정부를 세우기 위해 일으킨 정변이에요. 3일 만에 청 군대의 개입으로 실패했어요.
- **갑오개혁** 1894년 7월부터 1896년 2월 사이에 조선에서 추진되었던 개혁 운동이에요. 김홍집 내각이 정치·경제·사회 전반에 걸쳐 근대적 혁신을 추진

했어요. 일본의 영향력 아래 이루어져 국민의 큰 지지를 받지는 못했어요.
- **강화도 조약** 운요호 사건을 계기로 1876년에 조선과 일본 사이에 맺은 조약이에요. 군사력을 동원한 일본의 강압에 의해 맺어진 불평등 조약이에요. 이 조약에 따라 조선은 부산, 인천, 원산을 개항하게 되었어요.
- **게티즈버그 전투** 1863년에 펜실베이니아 주 게티즈버그에서 벌어진 미국 남북 전쟁에서 가장 치열한 전투예요. 전투에서 패한 남군은 더 이상 북부로 나아가지 못했어요.
- **광주 학생 항일 운동** 1929년에 광주에서 일어난 학생들의 항일 투쟁 운동이에요. 3·1 운동 이후 최대의 민족 투쟁이었어요.
- **국·공 합작** 중국에서 혁명을 수행하거나 일본의 침략에 대해 투쟁하기 위해 국민당과 공산당이 연합한 일을 말해요.
- **국채 보상 운동** 대한 제국 때에 일본으로부터 빌려 쓴 돈을 갚기 위해 벌인 온 민족의 애국 운동이에요.
- **난징 조약** 1842년에 아편 전쟁을 끝내기 위해 난징에서 영국과 청나라가 맺은 불평등 조약이에요. 청은 영국에 홍콩을 넘기고, 상하이 등 다섯 항구를 개항했어요.
- **남북 전쟁** 미국에서 노예 제도의 폐지를 주장하는 북부와 유지를 주장하는 남부 사이에 일어난 내전이에요. 1865년에 남부가 항복하여 노예 제도는 폐지되었어요.
- **노르망디 상륙 작전** 1944년 6월 6일, 아이젠하워 장군의 지휘 아래 연합군이 노르망디에 상륙한 작전이에요. 이 작전의 성공은 제2차 세계 대전에서 연합군이 승리하게 되는 데 결정적인 영향을 주었어요.
- **뉴딜 정책** 1933년에 미국의 루스벨트 대통령이 대공황에서 벗어나고자 시

행한 경제 부흥 정책이에요. 대규모 공공사업을 벌여 실업자를 구제하는 등 정부가 경제 활동에 적극적으로 개입해서 경기를 조정했어요.

• **동학 농민 운동** 1894년에 전라도 고부에서 전봉준 등을 지도자로 일어난 농민 운동이에요. 청과 일본의 개입으로 실패로 끝났어요.

• **러·일 전쟁** 1904년에 한반도와 만주에 대한 지배권을 둘러싸고 러시아와 일본 사이에 일어난 전쟁이에요. 일본이 승리해 우리나라에 대한 지배권을 인정받았어요.

• **레지스탕스** 권력이나 침략자에 대한 저항이나 저항 운동을 말해요. 특히 제2차 세계 대전 중 프랑스에서 있었던 지하 저항 운동을 뜻해요.

• **만국 박람회** 세계 여러 나라가 참가해 각 나라의 생산품을 전시하는 국제적인 행사예요. 지금은 엑스포라고 해요.

• **만주 사변** 1931년에 일본이 중국 만주 지방을 침략한 일이에요. 일본은 괴뢰 국가인 만주국을 세우고, 청의 마지막 황제인 선통제를 만주국 황제로 앉혔어요.

• **물산 장려 운동** 일제 강점기에 우리 민족이 펼친 경제 자립 운동이에요. 1922년에 평양에 세운 조선 물산 장려회를 계기로, 국산품 애용·소비 절약·자급자족·민족 기업 육성 등을 내걸고 강연회와 시위 등을 벌였어요.

• **미드웨이 해전** 1942년 6월에 하와이 북서쪽 미드웨이 섬 부근에서 미군과 일본군 사이에 벌어진 싸움이에요. 미국이 승리해 태평양 전선에서의 작전 주도권을 잡았어요.

• **미드하트 헌법** 오스만 제국의 압둘하미드 2세 때 만든 아시아 최초의 헌법이에요. 헌법의 기초를 잡은 재상 미드하트 파샤의 이름을 붙였어요.

• **범게르만주의** 독일을 중심으로 게르만 민족이 단결해 세계를 제패하려는

사상이나 운동이에요. 러시아의 범슬라브주의와 충돌해 제1차 세계 대전의 한 원인이 되었어요.

- **범슬라브주의** 슬라브 민족의 정치적·문화적 통합을 이루려는 사상이나 운동이에요. 제1차 세계 대전 전에 범게르만주의와 충돌했어요.
- **변법자강 운동** 중국 청나라 말기에 캉유웨이와 량치차오 등의 혁신파가 내세웠던 개혁 운동이에요.
- **병인박해** 1866년에 일어난 우리나라 최대 규모의 천주교 박해 사건이에요. 프랑스 함대가 강화도를 침범한 병인양요가 일어난 구실이 되었어요.
- **봉오동 전투** 1920년 6월에 만주 봉오동에서 홍범도가 이끄는 대한 독립군이 일본군을 크게 무찌른 싸움이에요.
- **브나로드 운동** 1870년대 러시아에서 청년 귀족과 학생들이 농민을 대상으로 사회 개혁을 이루고자 일으킨 계몽 운동이에요.
- **삼민주의** 1905년에 쑨원이 제창한 중국 근대 혁명의 기본 이념이에요. 민족주의, 민권주의, 민생주의의 세 가지 원칙으로 이루어져 있어요.
- **3·1 운동** 1919년 3월 1일에 일제에 대항해 일으킨 독립운동이에요. 손병희 등 33인이 앞장서서 민족 자결주의에 입각한 민족의 자주독립을 선언했어요. 일제 강점기에 일어난 가장 규모가 큰 민족 운동이었어요.
- **세도 정치** 왕실의 근친이나 신하가 강력한 권세를 잡고 온갖 나랏일을 마음대로 하는 정치를 말해요.
- **세포이의 항쟁** 1857년에 인도에서 영국 동인도 회사에 고용된 인도 병사인 세포이들이 일으킨 항쟁이에요. 1859년에 영국군에게 진압된 뒤 무굴 제국이 멸망하고 영국이 인도를 직접 지배하게 되었어요.
- **아관 파천** 1896년 2월 11일부터 1897년 2월 20일까지 고종과 세자가 러시

아 공사관으로 옮겨서 지낸 사건이에요.
- **아편 전쟁** 1840년에 아편 문제를 둘러싸고 청과 영국 사이에 일어난 전쟁이에요. 1842년에 청이 패해 난징 조약을 맺고 끝이 났어요.
- **얄타 회담** 1945년에 크림 반도의 얄타에서 열린 연합국 정상들의 회담이에요. 미국의 루스벨트, 영국의 처칠, 소련의 스탈린이 참석했어요.
- **양무운동** 19세기 후반에 청에서 일어난 근대화 운동이에요. 군사, 과학, 통신 등 서양 문물을 받아들이는 개혁을 시도했어요.
- **5·4 운동** 1919년 5월 4일에 중국 베이징에서 일어난 전국적인 반제·반군벌 민중 운동이에요.
- **을미개혁** 1895년 을미사변 후 일본이 강요한 개혁이에요. 홍범 14조를 반포했으며 신분 제도 폐지, 양력 쓰기, 상투 자르기 등이 주요 내용이에요.
- **을미사변** 1895년에 일본의 자객들이 경복궁을 습격해 명성 황후를 죽인 사건이에요.
- **을사조약** 1905년에 일본이 대한 제국의 외교권을 빼앗기 위해 강제적으로 맺은 조약이에요. 을사늑약이라고도 해요. 고종이 끝까지 도장을 찍어 허가하지 않았기 때문에 원인 무효의 조약이에요.
- **의화단 운동** 중국 청 말기에 의화단이 일으킨 외세 배척 운동이에요.
- **임오군란** 1882년에 구식 군대의 군인들이 신식 군대인 별기군과의 차별 대우와 밀린 급료에 불만을 품고 일으킨 난이에요.
- **중·일 전쟁** 1937년에 중국과 일본 사이에 벌어진 전쟁이에요. 1945년에 일본이 연합국에 무조건 항복함으로써 끝났어요.
- **청산리 대첩** 1920년에 김좌진을 총사령으로 한 독립군이 만주 청산리에서 일본군을 크게 무찌른 싸움이에요.

- **청·일 전쟁** 1894년에 조선의 동학 농민 운동에 군대를 보내는 문제로 일어난 청과 일본 사이의 전쟁이에요. 일본이 승리했어요.
- **카이로 선언** 1943년에 카이로에서 미국, 영국, 중국이 발표한 공동 선언이에요. 한국의 독립과 만주와 대만의 중국 귀속을 약속했어요.
- **크림 전쟁** 1853년에 러시아가 오스만 제국, 영국, 프랑스, 사르디니아 공국 연합군과 벌인 전쟁이에요. 나이팅게일이 간호 활동한 전쟁으로, 러시아가 패배했어요.
- **태평천국 운동** 1851년에 청에서 홍수전이 일으킨 농민 운동이에요. 남녀평등, 토지 균분, 청 타도 등을 주장했어요.
- **파리 강화 회의** 1919년에 제1차 세계 대전의 종결을 위해 파리에서 열린 강화 회의예요. 승전국들은 독일과 베르사유 조약을 맺었으며, 미국의 윌슨 대통령이 민족 자결주의 원칙이 들어 있는 평화 원칙 14개조를 제안했어요.
- **파쇼다 사건** 1898년에 영국과 프랑스의 군대가 아프리카 수단의 파쇼다에서 충돌한 사건이에요. 아프리카 분할 과정에서 북쪽에서 남쪽으로 나아가는 영국과 서쪽에서 동쪽으로 나아가는 프랑스가 파쇼다에서 부딪친 것이에요.
- **피의 일요일 사건** 1905년 1월 22일, 러시아의 상트페테르부르크에서 평화 시위를 하던 많은 노동자가 학살당한 사건을 말해요. 그날이 일요일이라 피의 일요일 사건이라고 해요.
- **한일 병합 조약** 1910년에 우리나라가 일본과 맺은 조약이에요. 대한 제국의 통치권을 일본에 넘겨주고 합병을 수락한다는 내용이에요.

찾아보기

ㄱ
가리발디 54
간디 122
갑신정변 183
갑오개혁 187
강화도 204
강화도 조약 37, 179
개혁 정강 14개조 183
게티즈버그 101
게티즈버그 전투 85
겨울 궁전 130
고부 민란 184
고종 174, 179
공행 20
공황 105
광서제 30
광주 학생 항일 운동 197
괴뢰 국가 146
국·공 합작 121
국민당 정부 121
국제 연맹 75
국제 연합 169
국채 보상 운동 194
군산 205
군국주의 136
그레이 90
김좌진 199
김홍집 187

ㄴ
나이팅게일 41
나일론 128
나치당 135
난징 조약 23

남부 연합 83
남북 전쟁 84
내선일체 194
노르망디 상륙 작전 162
노벨 89
노벨상 89
노예 제도 81
노예 해방 선언 84
농노 107
뉴딜 정책 140
니콜라이 2세 108

ㄷ
다윈 88
다이너마이트 89
다임러 92
다하우 수용소 170
단디 행진 124
단발령 188
당백전 176
대공황 139
대독일주의 57
대륙 횡단 철도 80
대한 제국 189
대한민국 임시 정부 195
데이비스 84
데카브리스트 광장 130
독·소 불가침 조약 152
독일 연방 56
독일 제국 58
동맹국 67
동부 전선 69
동학 농민 운동 37, 184
두마 110

드골 154

ㄹ
라디오 방송 128
라이트 형제 92
랴오둥 반도 186
량치차오 30
러·일 전쟁 38, 186, 190
러시아 혁명 114
레닌 112
레지스탕스 154
루거우차오 사건 146
루스 127
루스벨트 140
뤼미에르 형제 91
리 장군 87
리치먼드 101
린드버그 93
링컨 82

ㅁ
마른 강 76
마우타우젠 수용소 171
마지노선 153
마치니 54
마카오 51
만국 박람회 104
만민 공동회 203
만주 사변 146
만주국 146
메이지 35
메이지 왕 35
메이지 유신 35
멸만흥한 27

명성 황후 179
무굴 제국 43
무단 통치 194
무솔리니 134
무치 90
무함마드 알리 49
문화 통치 194
물산 장려 운동 196
미·일 수호 통상 조약 33
미·일 화친 조약 33
미드웨이 해전 161
미드하트 헌법 42
민영환 192
민족 자결주의 71, 195
민족말살정책 195
민족주의 54, 62

ㅂ

박영효 187
발칸 동맹 65
발칸 반도 64
발칸 전쟁 65
발트 3국 75
방공 협정 151
백군 114
백열전구 91
번 34
범게르만주의 62
범슬라브주의 62
베르됭 77
베르사유 조약 73
베를린 로마 추축 151
베를린 유대 인 박물관 170
베이징 조약 25
벤츠 92
벨 90

변법자강 운동 30
별기군 181
병인박해 177
병인양요 177
보호 무역 81
보호 무역 정책 143
본빌 댐 141
볼셰비키 113
봉오동 전투 198
부청멸양 31
불런 전투 84
붉은 군대 114
붉은 셔츠대 54
브나로드 운동 108
브레스트 77
브레스트리토프스크 조약 71
블록 경제 143
비스마르크 56
비폭력·불복종 운동 124
빌헬름 1세 56
빌헬름 2세 59

ㅅ

사라예보 77
사회주의 106
삼각 무역 21
삼국 간섭 186
삼국 동맹 59
삼국 협상 60
삼민주의 118
3비(B) 정책 61
3시(C) 정책 60
3월 혁명 112
3·1 운동 195
상제회 27
상트페테르부르크 130

상하이 50
서부 전선 69
서원 176
서태후 29
선통제 117, 146
섬터 요새 84, 100
세포이 43
소금 행진 124
소독일주의 57
소련 115, 116
소비에트 112
소비에트 사회주의 공화국 연방 115
쇄국 정책 178
쇼군 34
수에즈 운하 49
수정궁 104
스몰니 수도원 131
스콧 97
스탈린 116
시네마토그래프 91
시모노세키 조약 186
10월 선언 110
10월 혁명 113
식민 사관 201
신간회 121, 196
신미양요 177
신민회 192
신사 계급 28
신해혁명 117
신흥 무관 학교 193
11월 혁명 114
쑨원 118

ㅇ

아관 파천 189
아문센 97

아우슈비츠 수용소 165, 171
아이젠하워 162
아인슈타인 93
아편 21
아편 전쟁 22, 25
안네의 일기 166
안중근 193
안창호 192
알렉산드르 2세 108
알자스-로렌 58, 73
압둘 마지드 40
압둘하미드 2세 42
애국 계몽 운동 192
애로호 25
양기탁 192
양무운동 28
에디슨 90
에스파냐 내전 150
연합국 67
5·4 운동 119
오스만 제국 39
오스트리아-헝가리 제국 64
운요호 179
원납전 176
원명원 25
월드컵 축구 대회 127
위안스카이 119
윌슨 71
유니버설 스튜디오 126
유보트 70
6·10 만세 운동 196
윤봉길 200
을미개혁 188
을미사변 188
을사늑약 191
을사오적 191

을사조약 190
의병 189, 192
의열단 199
의화단 31
이봉창 199
2월 혁명 112
이토 히로부미 190, 193
이허위안 29
이홍장 28
인도 제국 45
인민 전선 149
인천 204
임오군란 181
임칙서 21

【ㅈ】
자본주의 104
자연 선택설 88
자유 무역 81
장제스 121
장지연 191
재즈 싱어 126
전봉준 184
전족 27
전체주의 134
정동 205
정미 7조약 192
제물포 조약 182
제2차 세계 대전 148
제1차 세계 대전 67
제1차 영·중 전쟁 22
조선 교육령 202
종단 정책 61
종의 기원 88
중·일 전쟁 148
중체서용 29

중화민국 118
진주만 159
진화론 88

【ㅊ】
찰스턴 항 100
채터누가 100
채플린 127
처칠 155
척화비 178
철혈 재상 57
청·일 전쟁 37, 186
청·프랑스 전쟁 47
청산리 대첩 198
최익현 178, 192
최혜국 23
추축국 152
축음기 90
치외 법권 23

【ㅋ】
카보우르 54
카이로 선언 168
카잔 성당 131
캉유웨이 30
케말 124
크림 전쟁 41
키네토스코프 91

【ㅌ】
탄지마트 40
태평양 전쟁 160
태평천국 운동 26
터키 공화국 124

텔레비전 방송 128
톈진 50
톈진 조약 25, 183
통상 수교 거부 정책 178
특수 상대성 이론 93

폐정 개혁안 184
포드 티(T) 127
푸이 117
프란츠 요제프 1세 63
프랑 블록 143
프랑코 149
프로이센 · 오스트리아 전쟁 57
플라이어호 92
피어리 96
피의 일요일 사건 109

한국 광복군 200
한인 애국단 199
할리우드 126
햄버거 125
헤이그 특사 192
홀로코스트 164
홍범 14조 187
홍범도 199
홍수전 26
홍콩 51
환곡 175
횡단 정책 62
후버 139
흥선 대원군 174
히틀러 135

ㅍ

파리 강화 회의 72
파리 코뮌 107
파쇼다 62
파시즘 134
파운드 블록 143
페르디난트 황태자 부부 66
페리 제독 33
평화 원칙 14개조 73

ㅎ

한 · 일 병합 조약 194
한 · 일 신협약 192
한 · 일 의정서 190

세계사 ❸ 사진제공

표지 셔터스톡, 위키미디어 공용 | 18p 위키미디어 공용 | 25p 위키미디어 공용 | 28p 위키미디어 공용 | 29p 위키미디어 공용 | 30p 셔터스톡 | 33p 위키미디어 공용 | 35p 위키미디어 공용 | 36p 위키미디어 공용 | 40p 위키미디어 공용 | 42p 위키미디어 공용 | 50p 위키미디어 공용, 셔터스톡 | 51p 위키미디어 공용, 셔터스톡 | 52p 위키미디어 공용 | 54p 셔터스톡 | 56p 위키미디어 공용 | 59p 위키미디어 공용 | 71p 위키미디어 공용 | 73p 위키미디어 공용 | 76p 위키미디어 공용 | 77p 위키미디어 공용, 셔터스톡 | 78p 위키미디어 공용, 셔터스톡 | 82p 위키미디어 공용 | 84p 위키미디어 공용 | 88p 위키미디어 공용 | 90p 위키미디어 공용 | 91p 셔터스톡 | 92p 셔터스톡, 위키미디어 공용 | 96p 위키미디어 공용 | 97p 위키미디어 공용 | 99p 위키미디어 공용 | 100p 셔터스톡, 위키미디어 공용 | 101p 셔터스톡 | 102p 위키미디어 공용, 셔터스톡 | 104p 위키미디어 공용 | 108p 위키미디어 공용 | 111p 위키미디어 공용 | 112p 위키미디어 공용 | 117p 위키미디어 공용 | 118p 위키미디어 공용 | 121p 위키미디어 공용 | 122p 셔터스톡 | 124p 위키미디어 공용 | 126p 셔터스톡 | 130p 위키미디어 공용, 셔터스톡 | 131p 위키미디어 공용 | 132p 위키미디어 공용, 셔터스톡 | 134p 위키미디어 공용 | 135p 위키미디어 공용 | 140p 위키미디어 공용 | 141p 셔터스톡 | 162p 위키미디어 공용 | 165p 셔터스톡 | 169p 위키미디어 공용 | 170p 셔터스톡, 위키미디어 공용 | 171p 위키미디어 공용, 셔터스톡 | 172p 문화재청, 위키미디어 공용 | 174p 위키미디어 공용 | 176p 셔터스톡 | 178p 문화재청 | 179p 위키미디어 공용 | 184p 셔터스톡 | 189p 위키미디어 공용 | 204p 대한민국역사박물관, 문화재청 | 205p 문화재청 | 210p 위키미디어 공용